CAMBRIDGE LIBRARY COLLECTION

Books of enduring scholarly value

Linguistics

From the earliest surviving glossaries and translations to nineteenth century academic philology and the growth of linguistics during the twentieth century, language has been the subject both of scholarly investigation and of practical handbooks produced for the upwardly mobile, as well as for travellers, traders, soldiers, missionaries and explorers. This collection will reissue a wide range of texts pertaining to language, including the work of Latin grammarians, groundbreaking early publications in Indo-European studies, accounts of indigenous languages, many of them now extinct, and texts by pioneering figures such as Jacob Grimm, Wilhelm von Humboldt and Ferdinand de Saussure.

Die Verwantschaftsverhältnisse der indogermanischen Sprachen

The German linguists Johannes Schmidt (1843–1901) and Hugo Schuchardt (1842–1927) sought to answer many questions relating to the development of Indo-European languages, which are all believed to be descended from a single common ancestor. Schmidt's *Verwantschaftsverhältnisse* was originally published in 1872 and Schuchardt's *Über die Lautgesetze* followed in 1885; here they are reissued together in one volume. Schmidt's work developed the 'wave model' of language change, to which Schuchardt also subscribed. According to this theory, linguistic innovations spread outwards concentrically like waves, which become progressively weaker as time elapses and the distance from their point of origin increases. Since later changes may not cover the same area, there may be no sharp boundaries between neighbouring languages or dialects. This theory stood in opposition to the tree model and the doctrine of sound laws propounded by the Neogrammarian school of linguists, which is roundly critiqued in Schuchardt's contribution.

T0345441

Cambridge University Press has long been a pioneer in the reissuing of out-of-print titles from its own backlist, producing digital reprints of books that are still sought after by scholars and students but could not be reprinted economically using traditional technology. The Cambridge Library Collection extends this activity to a wider range of books which are still of importance to researchers and professionals, either for the source material they contain, or as landmarks in the history of their academic discipline.

Drawing from the world-renowned collections in the Cambridge University Library and other partner libraries, and guided by the advice of experts in each subject area, Cambridge University Press is using state-of-the-art scanning machines in its own Printing House to capture the content of each book selected for inclusion. The files are processed to give a consistently clear, crisp image, and the books finished to the high quality standard for which the Press is recognised around the world. The latest print-on-demand technology ensures that the books will remain available indefinitely, and that orders for single or multiple copies can quickly be supplied.

The Cambridge Library Collection brings back to life books of enduring scholarly value (including out-of-copyright works originally issued by other publishers) across a wide range of disciplines in the humanities and social sciences and in science and technology.

Die Verwantschaftsverhältnisse der indogermanischen Sprachen

and Über die Lautgesetze:
Gegen die Junggrammatiker

Johannes Schmidt
Hugo Schuchardt

CAMBRIDGE
UNIVERSITY PRESS

CAMBRIDGE
UNIVERSITY PRESS

University Printing House, Cambridge, CB2 8BS, United Kingdom

Published in the United States of America by Cambridge University Press, New York

Cambridge University Press is part of the University of Cambridge.

It furthers the University's mission by disseminating knowledge in the pursuit of education, learning and research at the highest international levels of excellence.

www.cambridge.org
Information on this title: www.cambridge.org/9781108062947

© in this compilation Cambridge University Press 2013

This edition first published 1872 and 1885
This digitally printed version 2013

ISBN 978-1-108-06294-7 Paperback

DIE

VERWANTSCHAFTSVERHÄLTNISSE

DER

INDOGERMANISCHEN SPRACHEN

VON

JOHANNES SCHMIDT.

WEIMAR,

HERMANN BÖHLAU.

1872.

Vorbemerkung.

Die folgende untersuchung ist den fachgenossen, welche an den sitzungen der sprachwissenschaftlichen section der achtundzwanzigsten philologenversammlung zu Leipzig teil genommen haben, schon bekannt, da ich den wesentlichen inhalt der selben in diser versammlung vorgetragen habe. Einige punkte, welche im mündlichem vortrage nur angedeutet werden konnten, sind hier weiter ausgeführt, vor allen dingen die lexicalischen zusammenstellungen, welche für die entscheidung der aufgeworfenen frage in betracht kommen, mitgeteilt worden. Villeicht wirft· auch einer oder der andere auf angrenzenden gebieten beschäftigte forscher einen blick auf dise blätter. Um einem solchen die übersicht über die ergebnisse der untersuchung nicht zu erschweren, habe ich die wortverzeichnisse nicht der untersuchung selbst einverleibt, sondern als anhang folgen lassen.

Es lag mir daran die discussion einer frage wider zu eröffnen, welche manchem schon abgeschlossen erscheint,

zu manen, wie unsicher der gegenwärtig als giltig aner-
kannte stammbaum unserer sprachen ist, auf die gefar
hin, dass das verhältniss, wie ich es skizziert habe, im
fortschreiten der erkenntniss selbst neuen modificationen
unterworfen sein wird.

Bonn, im juli 1872.

Der verfasser.

Nachdem Bopps unsterbliches verdienst unseren sprach-
stamm als ein ganzes entdeckt und gegen die übrigen sprachen
scharf abgegrenzt hatte, und man nun daran gieng, die innere
gliderung dises stammes zu ermitteln, da sprangen sofort
zwei tatsachen in die augen, die eine, dass die indische sprach-
familie (sanskrit, präkrit, pāli und die neuindischen dialekte)
mit der eranischen (altbaktrisch, altpersisch nebst iren jüngeren
formen, armenisch, ossetisch u. s. w.) aufs nächste verwant ist,
was man dahin deutete, dass die völker, welche deren träger
sind, noch vereint gebliben wären, als sich die übrigen Indogermanen schon abgesondert hatten. Dise sprachen fasst man
herkömmlich unter dem namen der arischen zusammen. Zweitens
ergab sich eine ebenso innige verwantschaft der slawischen
sprachen (bulgarisch, serbisch-kroatisch, slovenisch, russisch,
kleinrussisch, polnisch, kaschubisch, polabisch, sorbisch, čechisch)
mit den lettischen (litauisch, preussisch, lettisch). An disen beiden tatsachen zweifelt niemand, sie sind aber auch das einzige,
in welchem sämmtliche von unserem sprachstamme entworfene
stammbäume übereinstimmen. Ueber das verwantschaftliche verhältniss des arischen und slawolettischen zweiges zu einander sowie jedes von beiden zu den übrigen sprachen und letzterer zu
einander sind ser verschidene ansichten ausgesprochen worden.
Schleicher hat in allen seinen schriften die beiden sätze
vertreten, dass das slawolettische dem deutschen (im weitesten
sinne) zunächst verwant sei und dass beide auf eine nordeuropäische grundsprache zurückfüren. Dise noch ungeteilte nordeuropäische grundsprache habe sich zuerst aus der indogermanischen ursprache ausgeschiden. Der beweis für disen zweiten

1

satz beruht auf der anname einer engeren verwantschaft des griechischen, lateinischen und keltischen mit einander als mit allen übrigen sprachen. Aus diser anname folgert Schleicher weiter, dass die drei letztgenannten sprachen aus einer gemeinsamen südeuropäischen grundsprache entsprungen sind. Da nun von allen europäischen sprachen das griechische dem sanskrit und der ursprache anerkanntermassen am treusten gebliben ist, so folgert Schleicher, dass die südeuropäische grundsprache, durch welche er das griechische mit der ursprache vermittelt, länger mit den der ursprache absolut änlichsten arischen sprachen eine einheit gebildet habe als die vom ursprünglichen mer abgewichene nordeuropäische grundsprache. Schleicher hat recht, dass die nordeuropäischen sprachen der ursprache ferner stehen als das griechische. Da aber die von im hervorgehobenen gemeinsamen charakterzüge der nordeuropäischen sprachen im wesentlichen nur einbussen von dem ursprünglichen, allen indogermanischen sprachen zu grunde ligenden sind, so blibe ja immerhin möglich, dass sich aus einer gemeinsamen europäischen grundsprache, welche der indogermanischen ursprache noch änlicher war, einerseits das griechische mit bewarung der meisten altertümlichkeiten entwickelt hätte, andererseits aber erst von diser europäischen grundsprache aus der abweichende gang der nordeuropäischen sprachen begänne.

Dise ansicht, dass sämmtliche europäische sprachen auf eine grundsprache zurückgehen, dass sich also die ursprache zunächst in zwei dialekte, einen arischen und einen europäischen gespalten habe, ist wol heute die allgemein herrschende und wurde auch von mir bisher geteilt. Gründe für sie hat Lottner (ztschr. VII, 18 ff. 161 ff.) beigebracht, welche Fick (vgl. wrtb. d. indog. spr. 1053 ff.) widerholt:

1. Die arische grundsprache hatte nach ausweis des altbaktrischen noch kein *l*, die europäischen sprachen dagegen haben zum teil in übereinstimmung unter einander das ursprüngliche *r* in *l* gewandelt, z. b. *plēnus*, lit. *pilnas*, abulg. *plŭnŭ*, got. *fulls*, griech. $\pi i\mu$-$\pi\lambda\eta$-$\mu\iota$.

2. Merere praepositionen, die im sanskrit mit einer noch unbestimmten oder mit einer ganz anderen bedeutung auftreten, erscheinen in Europa in übereinstimmendem sinne. So *abhi* 'ad', aber griech. ἀμφί, lat. *amb-*, ahd. *umbi*, altir. *imm* bedeuten 'circa' u. a.

3. Kulturgeschichtliche gründe: Die benennungen des ackerns, mähens und malens finden sich allein in den europäischen sprachen übereinstimmend, woraus zu schliessen sei, dass die Europäer noch zu einem volke vereinigt waren, als sie das nomadenleben mit dem ackerbau vertauschten*). Die gemeinsame benennung für das salz, welche den arischen sprachen in diser bedeutung felt, schin zu beweisen, dass die europäischen Indogermanen als ein ganzes erst nach abtrennung von den Ariern an salzquellen oder ein salzmer gelangt wären. Die zwei wichtigsten gründe sind endlich:

4. der von Lottner geltend gemachte, dass die deutsche lautverschiebung in einigen worten nicht den consonantismus der arischen sprachen, sondern den der übrigen europäischen sprachen voraussetzt, z. b. ist das *k* von *ik* aus der media von *ego*, ἐγώ, nicht aus der aspirata des skr. *aham* verschoben.

5. Das resultat, welches G. Curtius (ber. d. sächs. ges. d. wiss. 1864 s. 9 ff.) durch seine untersuchung über die spaltung des alten *a*-lautes gewonnen hat, dass die sämmtlichen europäischen sprachen wesentlich in der bewarung des alten ursprünglichen *a* und in seiner ser häufigen verdünnung zú *e* und weiter zu *i* übereinstimmen, wärend das altindische und altpersische kurzes *e* überhaupt nicht, die schwächung von *a* zu *i* nur in beschränktem masse kennen, das altbaktrische *ĕ* aber, durch die umgebenden consonanten bedingt, mit dem von disen unabhängigen europäischen *e* nicht zu vergleichen ist. Z. b. heisst es übereinstimmend mit *e*: ἕξ, *sex*, *saihs*, *szeszi*, *šestĭ*, dagegen skr. *šaš*, abaktr.

---

*) V. Hehn kulturpflanzen und hausthiere in ihrem übergang aus Asien nach Griechenland und Italien sowie in das übrige Europa, s. 399 bezweifelt die richtigkeit dises schlusses.

khśvas; wärend in gr. *ἀρόω,* lat. *aro,* got. *arja,* lit. *ariù* das *a* übereinstimmend erhalten ist.

Endlich hat Fick die in mereren europäischen sprachen vorkommenden worte zusammengestellt (vergl. wtb. 335 ff.). Untersuchen wir nun, wie weit die anname berechigt ist, dass alle europäischen sprachen innerhalb unseres sprachstammes eine engere einheit bilden und sich als solche derart von den arischen sprachen absondern, dass als ausgangspunkt aller späteren sprachdifferenzierungen eine zweiteilung in die arische und europäische grundsprache notwendig erscheint. Hierbei werden die sprachen, welche den arischen geographisch zunächst ligen, d. h. das slawische und griechische besonders ins auge zu fassen sein.

Die unmittelbare zusammengehörigkeit des deutschen und slawolettischen ist schon im jare 1837 von Zeuss behauptet worden (d. Deutschen u. d. nachbarst. s. 18 ff.), ebenso von J. Grimm (gesch. d. d. spr. 1030) und mit den mitteln der neueren wissenschaft von Schleicher gestützt worden (beitr. z. vgl. sprf. I, 12 ff., 107 ff.). Prüfen wir die gründe.

Beide sprachen haben den ablativ und das augment verloren. Letzteres ist sicher, beweist aber nichts, da alle europäischen sprachen ausser dem griechischen kein augment mer besitzen. Ob der ablativ verloren gegangen sei, ist fraglich, denn die gotischen adverbia auf *ō,* wie *galeikō, sniumundō* sind höchst warscheinlich alte ablative, in irer verwendung genau den griechischen ablativadverbien auf *-ως* entsprechend, was schon Bopp (vgl. gr. I², s. 352) und Scherer (z. gesch. d. d. spr. 462) angenommen haben. Schleicher rechnet auch den conjunctiv unter die gemeinsamen verluste, aber mit unrecht, denn die sogenannten ersten personen plur. imperat. wie *afslaham* hat Westphal (phil.-hist. gramm. 226) richtig als conjunctive gedeutet. Ir *a* ist aus ursprünglich langem a verkürzt wie in *namō* = sk. *nāman-, nōmen.* Ferner glaube ich in *ōgs* eine 2. pers. sg. conj. perf. nachgewisen zu haben, gebildet wie die homerischen *εἴδομεν, εἴδετε,* ved. *vēdat* RV. V, 30, 3 (ztschr. XIX, 291).

Weiter nennt Schleicher den übergang der ursprünglichen

mediae aspiratae in unaspirierte mediae als characteristicum der slawodeutschen grundsprache. Wäre dis richtig, so wären schon lange vor eintritt der specifisch deutschen lautverschiebung die ursprünglichen mediae und aspiratae unterschidslos zusammengefallen, so hätte beim eintritt der lautverschiebung alles bewustsein von der ursprünglichen verschidenheit diser beiden lautclassen gänzlich geschwunden sein müssen, so hätten nicht die ursprünglichen mediae anders verschoben werden können als die aus aspiraten entstandenen. Wenn vor der verschiebung schon *medjas = skr. *madhjas* und *eda = lat. *edo* die selbe dentalstufe enthalten hätten, wie hätte jenes in got. *midjis* sein *d* bewaren, dis in *ita* dafür *t* eintauschen können, wie wäre es möglich, dass die sprache im ganzen und grossen auch in der lautverschiebung den alten unterschid streng aufrecht erhält? Also ist der im slawolettischen und deutschen eingetretene verlust der aspiraten in jeder sprache für sich geschehen und kann nicht aus einer älteren beiden zu grunde ligenden sprache hergeleitet werden.

Ferner hebt Schleicher als gemeinsam hervor die doppelte declination der adjectiva, je nachdem sie bestimmt oder unbestimmt sind. Gemeinsam ist dise unterscheidung wol, aber nur in der sogenannten inneren sprachform, denn die mittel, durch welche sie ausgedrückt wird, sind in beiden sprachzweigen verschiden. Wärend das deutsche seine adjectiva, wenn sie bestimmt sind, zu *n*-stämmen erweitert und substantivisch flectiert, fügt das slawolettische an das meist selbst flectierte adjectivum das flectierte pronomen *ja-*. Sprachliche verkörperung kann dise unterscheidung der bestimmten und unbestimmten adjectiva also in der nordeuropäischen grundsprache noch nicht gewonnen haben. Vilmer schliesst sich die lautliche bezeichnung des bestimmten adjectivs im slawolettischen aufs engste an eine änliche verwendung des pronomen urspr. *ja-* in den eranischen sprachen, ich meine das persische kesra descriptionis, welches dem mit einem adjectivum verbundenen substantivum angefügt wird. Im altbaktrischen finden sich die anfänge diser erscheinung in verbindungen wie *kharem jim* *ašavanem* (den heiligen esel), änliches auch im altpersischen (s. Spiegel abaktr. gr. s. 312; keilinschr. 173. Justi handb. d. zendspr. s. 240). Den keim solcher stätigen verbindung des adjectivs und substantivs durch das pronomen *ja-* kann man schon im veda bemerken in constructionen wie *viçvē marutō jē sahāsō* alle die starken Maruts*).

Die unterscheidung der verba in perfecta und imperfecta ist zwar dem slawolettischen und deutschen gemeinsam, aber nicht inen allein, denn sie findet sich auch im keltischen, wie Ebel gezeigt hat (beitr. II, 190 ff.), ja auch in dem stammfremden magyarischen und in nordamerikanischen sprachen (Schleicher beitr. I, 500 ff.). Ist dise unterscheidung somit für sich allein nicht beweisend, so wird man ir doch als einem gemeinsamen zuge, der in verbindung mit anderen beweisende kraft gewinnen kann, volle beachtung schenken müssen.

So bleibt von Schleichers sämmtlichen grammatischen argumenten nur eins ganz ungeschwächt, und zwar ein ser schwer in die wagschale fallendes, nämlich dass in allen drei nordeuropäischen sprachen, und nur in inen, das *bh* der casussuffixe *-bhi*, *-bhis*, *-bhja(m)s* in *m* gewandelt wird: got. *vulfa-m*, ab. *vlйko-mй*, lit. *vilkà-mus*, *vilkà-ms*. Dis zusammentreffen ist um so wichtiger, als keine der drei sprachen disen lautwandel in anderen fällen zeigt.

Von zügen, welche eine engere verwantschaft zwischen den nordeuropäischen sprachen bekunden, lassen sich nun noch eine ganze reihe anfüren.

Inen gemeinsam ist die contraction des *-jä* gewisser femininer nomina im nom. sg. zu langem *ī*, übereinstimmend besonders im femininum der participia: got. *frijōndi***) wie abulg. *prijajǫśti*,

---

*) *ánu tád urvî ródasī ģihātām ánu djukšó váruṇa índrasakhā* | *ánu viçve marúto jé sahåso rājáȥ sjáma dharúnā dhijádjhai* ‖ es sollen dem nachgehen (= danach trachten, dafür sorgen) die beiden weiten welten, der himmlische Varuna, Indras freund, es sollen nachgehen alle Maruts die starken, auf dass wir (fähig) seien des reichtums grundlage zu behaupten RV. VII, 34, 24.

**) Dise form ist allerdings nicht belegt, aber aus dem acc. pl. *frijōndjōs* Luc. 15,9 nach analogie der belegten nominative *hulundi*, *thusundi* u. a. (L. Meyer got. sprache s. 357) mit sicherheit zu erschliessen.

berąšti, lit. *duganti*. Hier muss die contraction in ser früher zeit eingetreten sein, denn got. *frijondi* erweist, dass sie vor wirkung des got. auslautsgesetzes schon bestand. Das auslautsgesetz fand schon *frijondī* vor, welches es zu *frijondĭ* verkürzte. Hätte es noch *frijondjā* gefunden, so würde daraus nur *frijondjă* geworden sein. Allen drei sprachen gemeinsam ist auch die beschränkung diser contraction auf den nom. sg., mit welchem im litauischen und gotischen und im altbulgarischen bei den adjectiven und participien der vocativ zusammenfällt. Im acc. sg. z. b. heisst es *frijondja* wie lit. *duganczą*, ab. *berąštą*. Die übereinstimmungen in den auslautsgesetzen der drei nordeuropäischen sprachen wird Leskien ausfürlich darlegen.

Ferner werden im gotischen die cardinalzalen von 4 bis 10 oder, was im ganzen das selbe ist, bis 19 zu *i*-stämmen erweitert, ebenso im litauischen von 4 bis 9, im slawischen nur 4, da an die stelle der zalen von 5 bis 10 feminine collectiva getreten sind. Höchst wichtig ist dabei die übereinstimmung im nom. zwischen got. *fidvōr*, d. i. älterem *fidvōri*, und lit. *keturì*. Die got. form lässt sich keinem der sonstigen declinationsschemata einordnen, die litauische kann allerdings .nom. pl. des in allen casus obliqui ausser dem acc. erscheinenden stammes *keturja-* sein, aber auch laut für laut dem gotischen *fidvōr* entsprechen, d. h. den im acc. *kéturis* zweifellos gesicherten *i*-stamm wie im gotischen one casussuffix bieten. Abulg. *četyrije* wird wie alle übrigen sustantivischen *i*-stämme decliniert.

Weitere übereinstimmungen bei den zalworten finden sich in got. *-lif, -lib*, stamm *-libi-* (*tva-lif, tva-lib*, dat. *tva-libi-m*) und lit. *-lika* (*vēnŭ-lika, dvý-lika* u. s. w. bis *devynió-lika*). Dise übereinstimmung kann sich früher auch auf das slawische erstreckt haben, denn die in historischer zeit übliche bezeichnung der zalen von 11 bis 19 wie *jedinŭ na desęte* ist offenbar jung und an die stelle einer directen zusammenrückung der einer mit zehn one vermittelung einer präposition getreten. Ob die zehn früher durch etwas dem *-lika, -lif* entsprechendes oder durch eine form von *desętĭ* ausgedrückt war, lässt sich freilich nicht mer entscheiden.

Ser wichtig ist ferner, wie Schleicher schon betont hat, das gemeinsame zalwort für tausend, got. *thusundi*, preuss. acc. pl. *tusimtons**) abulg. *tysąšta*, lit. *túkstantis***).

Eine weitere gemeinsamkeit zeigt sich in der verwendung der praesensbildungen mittels nasalsuffixes oder -infixes zum ausdrucke inchoativ-passiver oder intransitiver beziehung, wodurch dise praesensbildungen in allen drei sprachen über ire ursprüngliche ausdenung hinaus griffen, ja⁻sogar zur denominativen verbalableitung verwendbar wurden. Wie im gotischen neben einander ligen *us-geis-nan* sich entsetzen und *us-gais-jan* jemand erschrecken, *gahailnan* geheilt werden und *gahailjan* heilen, *fullnan* erfüllt werden und *fulljan* anfüllen u. s. w., ahd. *lernōn, lirnēn* und *lēran*, so ligen im altbulgarischen neben einander *u-žas-nąti* stupefieri und *u-žas-iti* stupefacere, *vŭzbŭnąti* ἐγείρεσθαι und *vuzbuditi* ἐγείρειν, *isŭchnąti* ξηραίνεσθαι und *isušiti* ξηραίνειν u. s. w. Im litauischen ist das nasalsuffix zum nasalinfix geworden (s. zur gesch. d. indog. vocal. I, 29 ff.), und den obigen wortparen entsprechen *pa-bundù* ich erwache, *pa-bùdinu* ich erwecke, *nin-plinkù* ich werde kal, *nu-plìkinu* ich mache kal u. s. w. Näheres über die geschichte diser verba im gotischen s. ztschr. XIX, 286.

Endlich ist der wortschatz diser drei nordeuropäischen sprachen in vilen und wichtigen punkten übereinstimmend. Die kulturgeschichtlich bedeutsamen namen für silber, roggen, weizen, müle, bier u. à. finden sich teils in allen dreien teils im deutschen und je einer der beiden anderen sprachen übereinstimmend, und zwar abweichend von den übrigen sprachen. Im anhange I habe ich 142 worte und wurzeln verzeichnet, welche bisher nur in den nordeuropäischen sprachen nachge-

---

*) *tusimtons* findet sich nur an einer stelle des katechismus, sollte es für *tusuntons* verdruckt sein?

**) Das *k* in *túkstantis* ist unursprünglich entwickelt, wie solches vor *s* merfach geschehen ist; vergl. *áuksas* gold, preuss. *ausis*, lat. *aurum; kriksztyti* taufen, preuss. *kristionisto* neben *crixtitwi*, abulg. *krĭstiti*, mhd. *kristen*; lett. *pirksts* finger, lit. *pirsztas*, preuss. *nage-pirstis* zehe, abulg. *prĭstŭ;* lit. *žvaigždé* stern, abulg. *zvězda* u. a. An herleitung des wortes für tausend aus lit. *túkti* fett werden ist also nicht zu denken.

wisen sind, von disen finden sich 59 in allen drei sprachzweigen, 50 nur im slawischen und deutschen, 33 nur im litauischen (lettischen, preussischen) und deutschen.

Als zweifelloses resultat halte ich also den satz aufrecht, dass das slawolettische keiner der europäischen sprachen so nahe verwant ist wie dem deutschen.

Im südosten haben sich die Slawen noch zu historischer zeit mit Eraniern berürt, denn die pontischen Skythen waren, wie schon Zeuss (d. Dtschen u. d. nachbarst. 284 ff.) gesehen und Müllenhoff (monatsber. d. Berl. akad. 1866, 549 ff.) ·ausgefürt hat, Eranier. In welchem verhältnisse steht nun das slawische oder slawolettische zu den östlichen nachbarn?

Bopp (spr. d. alten Preussen s. 4; vgl. gr. I², s. XIX) sagt: ʹDie absonderung der lettisch-slawischen idiome von der asiatischen schwestersprache, mag man sie sanskrit nennen oder ganz unbenannt lassen, ist später eingetreten als die der klassischen, germanischen und keltischen sprachen, aber doch noch vor der spaltung des asiatischen teils unseres sprachgebiets in den medo-persischen und indischen zweig. Ich folgere dis unter anderen daraus, dass keines der europäischen glider unseres sprachstammes an der allen medo-persischen gemeinschaftlichen entartung des s zu h in dem masse teil nimmt,. wie sie nàmentlich im zend u. s. w. sowol am anfange als in der mitte der wörter vor vocalen stattfindetʹ.

Und Bopp hat in der tat erhebliche gründe für dise ansicht vorgebracht, wenn wir auch zunächst einen derselben als nicht stichhaltig ausscheiden müssen.

Die slawolettischen sprachen haben zwar allein von allen europäischen sprachen im nom. sg. der r-stämme das r verloren wie die arischen: ab. *mati*, preuss. *mûti*, lit. *motė́* wie skr. *mātā*, abaktr. *māta*. Doch beweist dis keine engere verwantschaft mit dem arischen, da das auslautsgesetz sowol des slawischen als des litauischen kein r im wortauslaute duldet, das r also in folge dises auslautsgesetzes, d. h. relativ spät, geschwunden sein kann. Bopps weitere gründe sind:

1. Die übereinstimmende bildung des nom. du. der

i-stämme: ab. *kosti*, lit. *avi* = skr. *avī*, zd. *āfritī*; hier stimmt
freilich auch das altirische *fáith* aus **váti* (Schleicher comp.[3]
522) zum arischen. In den parallelen *u*-stämmen deckt sich
jedoch das slawolettische ausschliesslich mit dem arischen:
lit. *sūnù*, abulg. *syny* = skr. *sūnū*, abaktr. *pājū*.

2. Den nominativen dualis der femininen *ā*-stämme wie
skr. *açvē*, abaktr. *dātē* entsprechen nur im slawolettischen bildungen wie ab. *rǫcě*, lit *rankì* aus **rankë* (*ë* erhalten in *tě-dvi*).

3. Die wichtigste übereinstimmung ist aber die, dass
dem arischen palatalen zischlaute allein im slawisch-litauischen
ein zischlaut entspricht, wärend die übrigen europäischen
sprachen dise laute nicht von der gutturalen tenuis unterscheiden, z. b. skr. *çatam*, zd. *çatem*, abulg. *sŭto*, lit. *szìmtas*,
aber got. *hund*, lat. *centum*, altir. *cét*, griech. *ἑκατόν*. Schleicher (beitr. I, 110) wendet dagegen ein, dass der palatale
zischlaut des sanskrit einen anderen laut gehabt habe als
lit. *sz* oder slaw. *s*. Dis ist richtig, denn für ersteres hat
Kuhn (Höfers ztschr. II, 166 ff.) den laut unseres palatalen
ch in *ich* angenommen; genauer ist wol mit Ebel (ztschr.
XIII, 276) sein laut als der des polnischen gestrichenen *ś*
zu fassen oder die von Lepsius (standard alph.[2] 70 f.) be-
schribene articulation. Aber alle drei laute, der indische
palatale spirant, das slawische *s* und das litauische *sz* haben
doch das gemein, dass sie s p i r a n t e n sind, welche durch
fortschreitende assibilation aus gutturalem stummem verschlusslaute hervorgegangen sind und disem, dem m o m e n -
t a n e n *k* als d a u e r l a u t e gegenüberstehen. Schleicher hebt
ferner hervor, dass die vertretung des skr. *ç* durch slaw. *s*,
lit. *sz* nicht ausnamslos ist, dass bisweilen lit. *sz* für skr. *k*
und lit. *k* für skr. *ç* steht, gibt aber zu, dass 'in der regel
in den selben worten die veränderung des ursprünglichen *k*
eingetreten seï'. Dennoch bestreitet er die beweiskraft diser
übereinstimmung, weil, wie er sagt, 'in den verschidenen
sprachen unabhängig von einander die selben lautveränderungen mit der zeit eintreten, die entweder durch die beschaffenheit der sprachorgane oder durch einen gewissen ange-

stammten, fast sämmtlichen indogermanischen sprachen eigenen zug bedingt sein mögen.' Suchen wir uns den vorgang an einem beispile zu verdeutlichen. Nach Schleichers ansicht hatte der stamm des interrogativpronomens in der ursprache den selben gutturalen laut wie das zalwort für hundert: *ka-* und *kantam*. Ir guttural war auch noch in der nordeuropäischen grundsprache der selbe, denn got. *hund* und *hva* zeigen in ganz gleichförmig vertreten. Erst in der slawolettischen grundsprache sei die differenzierung eingetreten, durch welche der guttural in lit. *kàs*, ab. *kŭ-to* bewart blieb, in lit. *szìmtas*, ab. *sŭto* zum spiranten wurde. Und ganz unabhängig von disem vorgange sei bei den Ariern die völlig analoge differenzierung der gutturalen in *ka-* und *çata-* vor sich gegangen. Ascoli hat 16 fälle zusammengestellt, in welchen so dem palatalen spiranten der Arier slawolettische spiranten gegenüber stehen (corsi di glottol. p. 51. f.). Genau die selbe erscheinung begegnet uns bei den entsprechenden mediae und aspiratae, wie Ascoli in den erwähnten scharfsinnigen untersuchungen zweifellos dargetan hat. Ascoli unterscheidet nämlich im sanskrit zweierlei *ǵ*: 1) die media zu *k̓*, welche vor *t*, *th* als *k* erscheint z. b. *juǵ*, *jukta-* junctus, 2) die media zu *ç*, welcher Ascoli den lautwert eines *ž* (franz. *j*) gibt. Dise zweite gattung von *ǵ* wird vor *t*, *th* zu *š*, und ist eben an diser wandelung als verschiden von der ersten gattung erkennbar, z. b. *jaǵ* vereren, part. *iš-ṭa-**). Wärend nun den *ǵ* erster

---

*) Für dise wurzel lässt sich die geltung des *ǵ* als *ž* noch durch zwei von Ascoli nicht hervorgehobene formen zur evidenz erweisen, nämlich durch die 2. sg. aor. *ajās* RV. III, 29, 16. IX, 82, 5. VS. VIII, 20. Nir. IV, 25. und durch *avajās*, nom. zu *ava-jāǵ-* opferanteil RV. I, 173, 12. Pān. VIII, 2, 67. Der übergang von *ǵs* in *s* begreift sich nicht, wenn *ǵ* die media zu *k̓* darstellt, ist aber durchaus gerechtfertigt, wenn mit dem schriftzeichen für *ǵ* der laut *ž*, die media von *ç*, ausgedrückt wird. In letzterem falle muste *ž* (*ǵ*) vor dem stummen *s* zunächst zu *ç* werden und floss dann mit dem *s* zu *s* zusammen, gerade wie in *purōḍās*, *purōḷās*, nom. sg. von *purōḍāç-* opferkuchen. Die grammatiker leren ferner, dass vor den mit consonanten anlautenden casussuffixen *avajas-* als thema ein-

gattung im altbaktrischen $\acute{g}$, im slawischen und litauischen g
entspricht (skr. abaktr. wz. *jug̓*, skr. *juga-m*, lit, *jùngas*, ab.
igo joch), wird das $\acute{g}$ zweiter gattung durch abaktr. *z*,
abulg. *z*, lit. *ż* vertreten: skr. *marg̓*, 3. sg. praes. *mārṣṭi* ab-
wischen, abaktr. *marez-aiti*, abulg. *mlŭzą* ich melke, lit.
mélżu (Ascoli a. a. o. 105 ff. 117 f.). Endlich sind im sanskrit auch zweierlei h zu unterscheiden: 1) die aspirate zu
k, g, welche mit folgendem t zu *gḍh* wird, z. b. *dah* brennen,
part. *dagdha-*, 2) die aspirata zu $\dot{c}$, $\check{z}$ ($\acute{g}$), welche mit folgendem t zu *ḍh* wird, z. b. *vah* vehere, part. *ūdha-**). Während
nun dem ersten h slawolettisches g entspricht (skr. *dahā́mi*
= lit. *degù*, abulg. *żdegą*, *żegą* ich brenne), wird das zweite
durch abulg. *z*, lit. *ż* vertreten: *vahā́mi* = ab. *vezą*, lit. *veżù*
(a. a. o. 184 ff. 187 f.). Hier an blinden zufall zu glauben
ist mir nicht möglich. Und an den zufall appelliert auch die
von Ascoli versuchte erklärung der tatsache. Er meint
nämlich, unsere zuerst gewälten beispile haben in der
ursprache gelautet *ka*, aber *kⁱanta-* ʽcon legero intacco del *k*',
aus letzterem sei in den übrigen europäischen sprachen *kanta*
geworden ʽquasi il tipo risanato', dagegen im arischen und
lituslawischen *kjanta* u. s. w. Dass gerade in disen sprachen
übereinstimmend die palatale affection nicht ʽgeheilt' wurde,
bleibt auch für Ascoli wie für jeden, der eine gemeinsame
europäische grundsprache annimmt, reiner zufall. Die palatale affection der gutturalen in *kⁱanta* u. s. w. müste sich
nach diser anname noch in der europäischen grundsprache
erhalten haben, aber zufällig im griechischen, italischen und
keltischen spurlos verloren gegangen sein, sie müste sich

---

trete, ebenso wie *purōḍas-*, z. b. dat. du. *avajōbhjām* (s. Böhtlingk zu Pāṇ.
VIII, 2, 67. III, 2, 71. 72.) wie *purō ḍōbhjām*, auch dis ist nur bei spiran-
tischer geltung des $\acute{g}$ erklärbar.

*) Auch für dise wurzel lässt sich die geltung des h als $\check{z}h$ durch die
angaben, welche die grammatiker über die declination von *çvḗta-vāh-* (mit
weissen rossen farend) machen, erweisen: nom. sg. *çvḗtavā́s*, vor den mit
consonanten anlautenden casussuffixen soll *çvḗtavas-* als thema eintreten,
Pāṇ. VIII, 2, 67, Böhtlingk zu der stelle und zu III, 2, 71. 72; vergl. die
vorige anmerkung.

bis in die nordeuropäische grundsprache fortgepflanzt haben, aber widerum zufällig im deutschen spurlos geschwunden sein. Wer aber dise tatsächliche übereinstimmung ausschliesslich zwischen arisch und slawolettisch als ein werk des zufalls betrachtet, der stellt sich ausserhalb der wissenschaftlichen discussion; wer es nicht tut, für den genügt dise eine tatsache um die anname einer gemeinsamen europäischen ursprache zu vernichten.

Und weiter ist es unmöglich zalreiche erscheinungen, in welchen das slawolettische mit dem arischen übereinstimmt, vom deutschen aber abweicht, zu übersehen: in der declination haben slawisch und litauisch den instr. sg. auf urspr. -bhi, plur. auf urspr. -bhis, den loc. plur auf urspr. -sva, in der conjugation den einfachen und den zusammengesetzten aorist, das futurum auf urspr. -sjāmi, das part. perf. act. auf urspr. -vans, das supinum auf -tum, lauter formen von denen das gotische gar nichts mer weiss oder, wie vom einfachen aorist (s. verf. ztschr. XIX, 291 f.) und part. perf. act. (bērusjōs) nur noch wenige, als solche nicht mer empfundene und daher kaum zu rechnende spuren zeigt. Und zwar sehen wir schon hier, dass das slawische, welches geographisch dem arischen näher ligt als das litauische, in der bewarung der aoriste, welche dem litauischen verloren gegangen sind, dem arischen auchgrammatisch näher steht als das litauische.

Die begegnung der bestimmten adjectivdeclination mit dem persischen kesra descriptionis ist oben (s. 5) schon erwähnt. Die pronomina bieten gleichfalls schlagende übereinstimmungen. Nur eranisch-slawolettisch ist der gen. sg. des pron. der ersten person: apers. manā, abaktr. mana, lit máno, abulg. mene, denn got. meina muss wegen der analogen theina, seina als stamm ma- mit suff. -eina aufgefasst werden. Lit. visas, abulg. visĭ, in manchen casus visŭ- (s. Miklosich vergl. gr. III, § 85; Leskien handb. d. abulg. § 66) all, jeder hat nur in apers. viça, abaktr. viçpa-, sk. viçva- entsprechendes. Nur im eranischen und slawischen findet sich das pronomen ava- jener, abulg. ovŭ vollständig flectiert, das sanskrit hat davon nur den gen. loc.

du. *avōs*, die übrigen sprachen zeigen in nur in partikeln und adverbien erstarrt wie *αὖ*, *αὖ-τε*, lat. *au-t*, *au-tem*. got. *au-k*, lit. *au-re* dort.

Keine europäische sprache ausser dem slawischen hat dvandva-composita, welche als duale flectiert werden: abulg. *bratŭ-sestra* ἀδελφὸς καὶ ἀδελφή, dat. *bratŭsestroma* ev. Ostr. p. 288 c; *malŭ-žena* ἀνδρόγυνα, dat. *malŭženoma* Mikl. lex. Die praeposition abulg. *radi*, apers. *rādij* wegen, in beiden sprachen mit dem genitiv verbunden, findet sich nirgends sonst (Kuhn ztschr. VI, 390; Ebel beitr. I, 426). Nur im slawolettischen ist die praeposition *sam* als selbständiges wort und in zusammensetzung mit verben erhalten: preuss. *sen*, lit. *sù*, abulg. *sǫ-*, *su-*, *sŭ*, abaktr. *hām*, *hém-*, skr. *sam*; ableitungen der grundform *sama-* u. a. finden sich in allen sprachen. Andere hier zu nennende übereinstimmungen sehe man im alphabetisch geordneten anhange II unter den worten *bezŭ*, *kadà*, *pàskui.·*

Vorhin hob ich die züge hervor, welche das slawolettische zalensystem nur mit dem deutschen teilt, jetzt ist einer zu erwähnen, welcher das slawische eng an die arischen sprachen knüpft. An die stelle der cardinalzalen von fünf bis zehn hat das slawische collective substantiva gesetzt. Sehen wir hierbei von den benennungen für sechs, siben und acht ab, welche nirgends ausserhalb genau entsprechendes haben, so finden sich die drei übrigen zalcollectiva oder abstracta sämmtlich in den arischen sprachen, und zwar nur in disen wider: *pętĭ* ist skr. *paṅkti-* fünfheit, *devętĭ* = abaktr. *navaiti* neunheit, *desętĭ* = skr. *daçati* dekade. Das ordinale *prĭvŭ* der erste findet ebenfalls nur im arischen entsprechendes: apers. *paruva-*, abaktr. *paourva-*, skr. *pūrva-*. Hier steht also das slawische näher dem arischen als selbst das litauische. Das selbe ist der fall in dem namen gottes: *bogŭ* findet sich wider nur in apers. *baga*, abaktr. *bagha-*, phryg. Βαγαῖος (Ζεύς), ved. *Bhaga-*, ebenso *svętŭ* lit. *szvèntas* heilig ganz gleichbedeutend nur im abaktr. *çpeñta-*, und zwar in einer form, welche den gedanken an entlehnung ausschliesst (got. *svinths* stimmt im anlaute nicht dazu).

Von welcher bedeutung solche mythologische übereinstimmungen sind, namentlich wenn man dazu hält, dass der indogermanische gott *Djāus* nur den Slawoletten und Eraniern verloren gegangen ist, das braucht kaum besonders hervorgehoben zu werden. Kulturgeschichtlich höchst wichtig ist die übereinstimmende benennung des heiratens bei Slawoletten und Ariern (s. anhang II unter *vedù*) sowie des schreibens bei Slawen und Persern: abulg. *pisati* schreiben, apers. *ni-pis, nij--apisam* ich schrib, letztere wurzel in diser bedeutung felt selbst den beiderseitig nächsten verwanten, Litauern und Indern, denn da schreiben im litauischen durch *raszýti*, im lettischen durch *rakstīt* ausgedrückt wird, muss preuss. *peisāton* scriptum und zubehör als slawisches lehnwort gelten. Im anhange habe ich unter II einundsechzig worte und wurzeln zusammengestellt, welche bisher nur in den slawolettischen und arischen sprachen nachgewisen sind, unter disen befindet sich sogar ein compositum, lit. *vēsz-patis* (nro. 57). Von disen 61 worten kommen 21 im slawischen und litauisch-lettischen vor, 23 nur im slawischen, 17 nur im litauisch-lettischen, also wie in der grammatik, so ist auch im lexicon zu bemerken, dass das slawische den arischen sprachen etwas näher steht als das litauische.

Was sollen wir nun aus allem dem für den stammbaum schliessen? Man wird unter den hervorgehobenen verwantschaftszügen einige bemerkt haben, welche das slawische nur mit den eranischen sprachen, nicht auch mit dem sanskrit teilt*), und umgekert solche, welche die arischen sprachen nur mit dem slawischen, nicht auch mit dem litauischen gemein haben**). Sollen wir deshalb die anerkannt innige verwantschaft von litauisch und slawisch einerseits, von indisch und eranisch andererseits lockern? Nein. Sondern wir werden anzuerkennen haben, dass die geographisch einander zunächst ligenden sprachen mer mit einander gemein haben als die

---

*) Die bestimmte adjectivdeclination, praep. *radi*, wz. *pis, svętŭ, suka* = med. σπάκα.

**) Die einfachen aoriste, dualisch flectirte dvandvacomposita, pron. *ava-*, die zalworte *pęti, devęti, desęti, prĭvŭ*, die benennung gottes *bogŭ*.

ferner ligenden, dass also eine continuierliche vermittelung vom indischen durch die eranischen sprachen zum slawischen und von disem zum litauischen fürt, dass das slawische mer ärische züge enthält als das litauische, das eranische mer slawische züge als das sanskrit.

Sollen wir also das slawolettische näher an den arischen zweig als an das deutsche rücken? Das geht nicht wegen des absolut zum deutschen weisenden wandels von *bh* zu *m* in den declinationssuffixen, wegen der übereinstimmung in der zal tausend und der zalreichen anderen beziehungen, welche nur zwischen dem slawolettischen und deutschen bestehen. Das geht ferner nicht wegen der für ursprüngliches *a* eingetretenen *e*, welche das slawische unauflöslich an die übrigen europäischen sprachen ketten.

Müssen wir also das slawolettische vom arischen losreissen? Das ist ebenfalls unmöglich wegen der übereinstimmung in den spiranten, welche an die stelle der gutturalen verschlusslaute getreten sind, und wegen der zalreichen anderen eben hervorgehobenen coincidenzpunkte des slawolettischen und arischen.

Es bleibt also keine wal, wir müssen anerkennen, dass das lituslawische einerseits untrennbar mit dem deutschen, andererseits ebenso untrennbar mit dem arischen verkettet ist. Die europäischen, deutschen und arischen charakterzüge durchdringen einander so vollständig, dass eine ganze reihe von erscheinungen nur durch ir organisches zusammenwirken hervorgerufen ist, und dass es worte gibt, deren form weder ganz europäisch noch ganz arisch ist und nur als ergebniss diser beiden einander durchkreuzenden strömungen begreiflich wird. Nemen wir z. b. den dat. pl. fem. *desïnamü* den rechten (dextrabus), so ist das casussuffix ausschliesslich nordeuropäisch (-*mü* = lit. -*mus*, got. -*m*), der wurzelvocal nur europäisch, vergl. lit. *deszinẽ*, ahd. *zesawa, dexter*, δεξιός, dagegen das stammbildungssuffix -*ïnü* ebenso ausschliesslich arisch: abaktr. *dašina-*, skr. *dakšina-*. Oder nemen wir lit. *mélżu*, abulg. *mlüzą**) ich melke, so

---

*) Aus *mlïzą entstanden, s. verf. z. gesch. d. indog. vocalism. I, 20.

ist es wegen des wurzelvocals nicht los zu reissen von ahd. *milchu,* ἀμέλγω, lat. *mulgeo* (aus **melgeo,* wie *sepultus* aus **sepeltus),* eḅenso entschiden wird es aber durch sein *ż* an abaktr. *marez* und das von Ascoli glänzend erwisene skr. *marž,* geschriben *marg* (s. 12), geknüpft. Die unterscheidung der bestimmten und unbestimmten adjectivdeclination findet sich im princip oder der inneren sprachform nach nur noch bei den Deutschen, das mittel der lautlichen unterscheidung aber nur bei den Ariern, hauptsächlich bei den Eraniern (s. 5 f.). Schon dise drei beispile beweisen, wie gleichmässig falsch sowol die anname einer slawisch-lettisch-deutschen grundsprache als die einer slawisch-lettisch-arischen grundsprache ist, da keine von beiden annamen den sprachlichen tatsachen gerecht wird. Wollte man sich dadurch aus der verlegenheit retten, dass man ₎eine engere einheit der nordeuropäischen sprachen mit den arischen annäme, d. h. wollte man sich die sprachtrennung in der weise vorstellen, dass aus der ursprache zunächst durch zweiteilung erstens die südeuropäische grundsprache, die mutter des griechischen, italischen und keltischen, und zweitens eine sprache hervorgegangen wäre, welche sich später durch abermalige teilung in die nordeuropäische grundsprache und in die arische grundsprache aufgelöst hätte, wollte man dis voraussetzen, so käme man wider in collision mit den eingangs (s. 2 f.) festgestellten gemeinsamen europäischen eigentümlichkeiten, welche eine solche anname unmöglich machen.

Man mag sich also drehen und wenden wie man will, so lange man an der anschauung fest hält, dass die in historischer zeit erscheinenden sprachen durch merfache gabelungen aus der ursprache hervorgegangen seien, d. h. so lange man einen stammbaum der indogermanischen sprachen annimmt, wird man nie dazu gelangen alle die hier in frage stehenden tatsachen wissenschaftlich zu erklären. Der ganze charakter des slawolettischen bleibt unter diser voraussetzung unbegreiflich.

Verständlich wird er nur, wenn wir anerkennen, dass das slawolettische weder vom arischen noch vom deutschen losgerissen werden kann, sondern die organische vermittelung beider

2

ist. Dise anerkenntniss nötigt uns die grammatik ab, zu ir zwingt uns auch der sprachschatz. Die wortverzeichnisse I — IV im anhange veranschaulichen das verhältniss der lexicalischen übereinstimmungen zwischen den hier in rede stehenden sprachen. Danach beläuft sich die zal der worte und wurzeln, welche bisher nur in den nordeuropäischen sprachen nachgewisen sind (I A—C), auf 143, die der ausschliesslich arisch-slawolettischen (II) auf 61, es werden also im slawolettischen sprachschatze die ausschliesslich arischen bestandteile — man gestatte der kürze halber disen ausdruck für urverwante worte — von den ausschliesslich deutschen zwar bedeutend überwogen, wenn letztere sich zu ersteren nach den betrachtungen, welche ich den wortverzeichnissen des anhanges voraus geschickt habe, auch nicht ganz wie 7 zu 3 verhalten mögen. Die in der grammatik unverkennbare mittelstellung des slawolettischen zwischen dem arischen und deutschen wird aber auch hier sichtbar, wenn wir die verzeichnisse III und IV mit in die berechnung ziehen. Dise ergeben 15 ausschliesslich arisch-deutsche worte, 14 ausschliesslich nordeuropäisch-arische. Nimmt man nun eine nordeuropäische grundsprache an, so bleibt höchst auffallend, dass von den 90 arischen worten (61 + 14 + 15), welche man ir dann zuschreiben muss, im deutschen nur 29, in den östlicheren sprachen dagegen, trotzdem sie weit jünger sind als die ältesten deutschen, 75 bewart sind. Die slawolettisch-arischen worte verhalten sich zu den deutsch-arischen wie 61 zu 15, zu den nordeuropäisch-arischen wie 61 zu 14. Der slawolettische wortschatz enthält demnach viermal so vil arische bestandteile wie der deutsche (61 : 15) und zehnmal so vil deutsche bestandteile wie die arische (143 : 15), d. h. er ist das organische mittelglid zwischen dem deutschen und arischen, ersterem naturgemäss näher stehend wegen des langdauernden einwirkens des deutschtums auf Slawen und Litauer.

Mit diser, wie mir scheint, zweifellos nachgewisenen stellung des slawolettischen zerfällt aber nicht nur die anname einer nordeuropäischen grundsprache sondern auch die einer europäischen grundsprache. Das slawolettische ist weder eine arische noch eine europäische sprache. Wie Europa-Asien geographisch keine grenze haben, so schwindet auch die bisher gezogene scharfe demarcationslinie zwischen den arischen und europäischen sprachen.

Sehen wir nun, ob im süden Europas zwischen dem griechischen und arischen die grenze fester steht. Die das spätere altertum beherrschende und bis in unsere zeit hineinragende dunkele vorstellung von der nahen verwantschaft des griechischen und lateinischen, welche zu der meinung fürte, dass das lateinische vom griechischen abstamme oder durch mischung des griechischen mit alteinheimischen italischen mundarten entstanden sei, ist von der neueren wissenschaft geklärt und auf ir richtiges mass zurückgefürt worden. An die stelle des tochterverhältnisses ist das schwesterverhältniss getreten.

G. Curtius und Schleicher haben in allen iren schriften die ansicht vertreten, dass das griechische, dem italischen zunächst verwant, mit disem aus einer gemeinsamen, sei es nun graecoitalischen- oder graeco-italo-keltischen grundsprache hervorgegangen sei*). Dise meinung wird auch von Corrsen (ausspr. II², 45 f. anm.) und Leo Meyer (vergl. gr. I, 13. 20 f.) geteilt. Folgendes sind die zwei wichtigsten gründe für sie. Erstens: nur im griechischen und italischen gibt es feminine stämme auf -ŏ- = urspr. -ă-, wie Ebel (beitr. II, 137) hervorhebt. Zweitens gehen griechisch und lateinisch in der verdumpfung von *a* zu *o,* und weiter zu lat. *u,* auch da oft noch zusammen, wo die übrigen europäischen sprachen das *a* bewart haben, z. b. gr. πόσις, lat. *polis,* aber got. *faths,* lit. *patis;* γένος γένεος wie altlat. **genos, *generos, *generus* (vgl. die belegten *opos, senatuos Venerus*) u. a. Curtius ber. d. sächs. ges. d. w. 1864, s. 20 ff. Dise beiden übereinstimmungen können nicht auf zufall beruhen, denn derartiges zusammentreffen von zwei sprachen in etwas der ur-

---

*) Doch erklärt Curtius mit recht dise frage für noch nicht abgeschlossen: mihi quidem ad finem hae quaestiones nondum perductae esse videntur, nec poterunt perduci nisi diligentiori opera et majore doctrina in hoc argumentum adhibita, ab omnibus adhuc fere in transcursu tractatum. (memoriam F. A. G. Spohnii d. XX mens. Jan. 1870 indicit G. Curtius, Lipsiae, p. 4).

sprache fremdem erst später entwickeltem hat für ire nähere verwantschaft weit grössere beweiskraft, als wenn etwas ursprünglich allen indogermanischen sprachen gemeinsames in zwei sprachen gleichmässig erhalten ist. Letzteres kann auf zufall beruhen, ersteres nicht*). Eine graecoitalische neubildung ist das futurum exactum τε-θνήκ-σω, πε-πράκ-σο-μαι, lat. (ce)-cap-so, (fe)-fac-so. Ferner zeigt der sprachschatz beider sprachen vile übereinstimmungen. Förstemann (ztschr. XVII, 354 ff.) und Fick (vergl. wörterb. 421 ff.) haben die worte zusammengestellt,

---

*) Aus disem grunde kann ich der von Curtius (ztschr. VIII, 294 ff., stud. III, 187) hervorgehobenen übereinstimmung des suffixes der 2. und 3. pers. sing. imperat. lat. es-tŏd = ἐσ-τω(τ), 2. pers. ἐλθε-τῶς, φα-τῶς keine beweiskraft für die nähere verwantschaft der beiden sprachen beimessen, da auch vedisch das suffix -tāt für die 2. 3. sg. imperat. gebräuchlich ist, das griechische und italische hier also nur eine altertümlichkeit bewart haben, welche die übrigen europäischen sprachen eingebüsst haben. Das selbe gilt von den adjectiven auf -λο-ς, lat. -lu-s u. s. w., deren übereinstimmung Curtius in dem in der vorigen anmerkung angefürten programme hervorhebt, denn den bildungen wie τροχαλός, tremulus entsprechen skr. kapala-s, tarala-s, got. skathuls, abulg. gni-lŭ u. s. w., wie Curtius (a. a. o. p. 8) bemerkt; ὁμαλός und similis finden sich in altir. samail, samal similitudo wider (Ebel beitr. II, 158). Auch zwischen den suffixen -τα-λιο-, -τα-λεο- und lat. -ti-li- besteht kein derartiger zusammenhang, dass man genötigt wäre, sie schon aus einer gemeinsamen graecoitalischen grundsprache herzuleiten. Curtius (a. a. o. p. 11) ist selbst der ansicht, dass sie von participien ausgehen, z. b. ὀπ-τα-λέο-ς von ὀπ-τό-ς, coc-ti-li-s von coc-tu-s abgeleitet seien. Dise ableitung aber kann in jeder sprache unabhängig von der anderen vor sich gegangen sein.

Nicht beistimmen kann ich Curtius darin, dass schon in graecoitalischer zeit der wortton nie über die drittletzte silbe hinausgerückt sei (ztschr. IX, 321), denn wir haben in jeder der beiden sprachen unzweifelhafte beispile des hochtons auf der viertletzten silbe: opituma, *Sabinium (vergl. osk. Safinim) konnten iren drittletzten vocal nicht verlieren, wärend er den hochton hatte, optuma, Samnium beweisen also zweifellos eine alte betonung ópituma, Sábinium u. a. (Corssen krit. beitr. 577 ff.; ausspr. II², 902 ff.). Gerade so begreifen sich βέβλημαι, κέκλημαι u. a. nur aus einer alten betonung *βέβαλημαι, *κέκαλημαι (Corssen kr. beitr. 584). Denn der gedanke, dass dise worte etwa aus *βέβαλμαι, *κέκαλμαι durch sogenannte metathesis entstanden seien, ist gänzlich abzuweisen, weil in disem falle die formen im aeolischen und dorischen *βεβλᾱμαι, *κεκλᾱμαι lauten müsten, sie lauten aber in disen dialekten wie im attischen (Ahrens dial. I. 87. II, 132).

welche in beiden vorkommen, sei es in inen allein oder ausserdem in anderen sprachen. Der anhang V verzeichnet 132 griechische worte, für welche bis jetzt nur im lateinischen entsprechende oder verwante nachgewisen sind. Dass das griechische an den s. 2 f. erwähnten eigentümlichkeiten der europäischen sprachen teil nimmt, sei hier noch einmal angedeutet. Dem gegenüber sind aber auch vile dem griechischen nur mit den arischen sprachen gemeinsame züge nicht zu übersehen. So das von Kern (ztsch. VII, 272 f.) hervorgehobene zusammentreffen mit den arischen sprachen im wechsel zwischen *ὰ*-privativum und *ἀν*- priv., wärend lat. *in-*, deutsch *un-* unverändert auch vor consonanten bleiben. Die praeposition *sa-* findet sich nur in griechischen und arischen zusammensetzungen, z. b. *ἀ-δελφειός* skr. *sa-garbhja-*. Bemerkenswert ist das zusammentreffen von *ποτί* mit apers. *patij* zu, an, abaktr. *paiti*.

In der conjugation sind ausschliesslich griechisch-arisch das augment und die reduplicierten aoriste (Geiger urspr. u. entw. d. menschl. spr. u. vern. I, 434 ff.). Dass überhaupt in der ganzen conjugation keine sprache sich den arischen so eng anschliesst wie das griechische, braucht kaum ausdrücklich erwähnt und im einzelnen nachgewisen zu werden. Ebenso wenig die höchst wichtige tatsache, dass ausser dem futurum exactum in keiner einzigen neubildung auf disem gebiete griechisch und italisch übereinstimmen.

Die infinitive auf *-ναι*, *-εναι*, *-μεναι* finden nur in den arischen sprachen entsprechendes: *ἴδ-μεναι*, *δό-μεναι* = ved. *vid-máne*, *dá-mane*, abaktr. *çtao-mainē* (Benfey or. u. occ. I, 606; II, 97), den infinitiven auf *-εναι* entsprechen ved. *turv-áṇē* zum überwinden, *dhúrv-aṇē* zum fällen, die einzigen casus, welche von den stämmen *turvan*, *dhūrvan* vorkommen. Letzteren wird man auch das von Benfey. a. a. o. und M. Müller Rigv. transl. I, p. 33 anders erklärte *dáváne* anzuschliessen haben. Da das suffix *-van* in der function nomina actionis zu bilden sonst nicht nachgewisen ist, und da ausserdem ein *dá-van* gebend mit anderem accente am ende verschidener composita vorkommt, welches im dat. *dā́vnē* *) von *dāvā́nē* 'zum geben' abweicht, so wird letzteres *dāv-ā́nē* abzuteilen und vor dem suffixe die mit *dā́* gleichbedeutende wz. *du* anzunemen sein, welche in der selben gestalt in abaktr. *dāv-ōi* gib erscheint.

Wie die gemeinsame benennung der zal tausend allgemein als ein wichtiges zeugniss für die nahe verwantschaft der nordeuropäischen sprachen gilt, so muss ir auch für die verwantschaft des griechischen und arischen erhebliche beweiskraft zuerkannt werden. Skr. *sahasra-*, abaktr. *hazaṅra-* hat nämlich Fick (vgl. wtb. 70) unzweifelhaft richtig in *sa-hasra-* zerlegt und so gedeutet, dass *sa* wie in skr. *sa-kṛt*, griech. ἑ-κατόν 'eins' bezeichnet, *hasra-* aber fast ganz identisch ist mit aeol. χέλλιοι, für *χεσλιοι. Keine andere europäische sprache kennt dis wort. Nur griechisch-arisch ist ferner das zalsuffix skr. -*ças*, griech. -*κας*, -*κις* pan*ka-ças* zu fünfen = πεντά-κις, skr. *bhāga-*-*ças* teil für teil, wie ἀνδρα-κάς mann für mann.

Und wenn wir die götternamen durchmustern, da finden Ἑρμείας, Ἐρινύς, Οὐρανός, Κένταυρος, Τριτο-γένεια, Προμηθεύς, Φλεγύας u. a. nur in Indien verwante, wärend die zal der italisch-indischen gottheiten mit *Saeturnus, Neptunus, Mars, Venus* erschöpft ist, deren letztere im veda aber noch gar nicht personalität gewonnen hat**). Disen gegenüber sind als speciell graecoitalische gottheiten bisher nur Ἑστία-*Vesta* und Διώνη-*Juno*, Ζήν-*Janus* gefunden worden. Und dise sind auch nur modificationen indogermanischer gottheiten, erstere im indischen genius der hofstatt *vāstōš-pati-* widergefunden (Grassmann ztschr. XVI, 172), letztere aus dem indogermanischen *Djaus* entstanden. Die nachweisungen sehe man im anhange V ff. Mythos und religion der Griechen und Italiker weichen irem ganzen charakter nach auf das stärkste von einander ab. 'Familie und stat, religion

---

*) ō*šišṭha-dā́vnē* dem ser rasch gebenden, wie Taitt..S. I, 6, 12, 3 nach dem Petersburger wörterbuche V, 1227 zu lesen ist.

**) Von den umbrischen *Tursa, Vesuna, Puemuno, Erino* wissen wir zu wenig, als dass wir Grassmanns erklärungen derselben = skr. *tarša-, vāsanā, pavamāna-, aruṇa-* (ztschr. XVI, 183. 188. 189) für mer als vermutungen gelten lassen könnten.

und kunst sind in Italien wie in Griechenland so eigentümlich, so durchaus national entwickelt worden, dass die gemeinschaftliche grundlage, auf der auch hier beide völker fussten, dort und hier überwuchert und unseren augen fast ganz entzogen ist.' Dis sind die worte eines der angesehensten verfechter graecoitalischer verwantschaft*).

Endlich schliesst sich der griechische sprachschatz fast ebenso eng an den arischen wie an den italischen. Der anhang V verzeichnet 132 ausschliesslich graecoitalische worte, der folgende 99 ausschliesslich griechisch-arische. Hiernach werden allerdings die letzteren von ersteren an zal überwogen, jedoch nicht so stark, wie es scheint, wenn man nur die summen beider verzeichnisse einander gegenüber stellt. Es ist ja notorisch, dass das lateinische zalreiche worte aus dem griechischen entlehnt und sich zum teil so assimiliert hat, dass man inen die entlehnung nach lautlichen kriterien nicht mer ansiht, und so sind gewiss in dem graecoitalischen verzeichniss auch manche griechische lehnworte enthalten, welche sich nicht mer von den urverwanten scheiden lassen. Von obigen 132 worten sind 26, also etwa ein fünftel, namen von pflanzen und tieren, von denen bekannt ist, wie leicht sie aus einer sprache in die andere wandern (ἄβις, ἀλκυών, ἀράχνη, γιννός, γρομφάς, ἔποψ, ἐρωδιός, ἐτελίς, ἰξός, ἴον, κῆτος, κορώνη, κράνος, μαλάχη, μῆλον, μόρον, ὄνος, ὄροβος, πίσος, πράσον, σπόγγος, στρίγξ, τίφη, ὕραξ, χελιδών, χήρ), ferner eine reihe namen von geräten und auf gewerbe bezüglichen worten, deren manche der entlehnung verdächtig sind, *corona, cortina, depso, fides, remus, turris, urceus* u. a. Das griechisch-arische verzeichniss dagegen enthält fast gar keine worte, bei denen entlehnung warscheinlich wäre. Bringt man dis in anschlag, so stellt sich die anzal der nur griechisch-italischen worte der der nur griechisch-arischen ungefär gleich. Man darf jedoch nicht ausser acht lassen, dass das griechische merere jarhunderte früher als das lateinische zur schriftsprache wurde, und dass dadurch

---

*) Mommsen röm. gesch. I⁵, 24.

villeicht merere worte, welche ursprünglich allen Indogermanen
gemeinsam waren, und welche damals auch in Italien noch
leben mochten, im griechischen erhalten sind, wärend sie uns
in den italischen sprachen nur deshalb felen, weil dise erst
später schriftlich fixiert sind. Die italischen sprachen entfernen
sich vom arischen ungleich weiter als das griechische, da das
verhältniss der ausschliesslich italisch-arischen worte (anhang
VII) zu den ausschliesslich graecoarischen wie 20 zu 99, also
fast wie 1 zu 5 ist. Auffallend gering ist die zal der ausschliesslich graecoitalisch-arischen worte, der anhang VIII besteht
nur aus vier numern, doch habe ich auf dise worte erst später
geachtet als auf die übrigen, es werden hier also verhältnissmässig mer meiner aufmerksamkeit entgangen sein als in den
übrigen verzeichnissen. Nimmt man nun eine graecoitalische
grundsprache an, so wird man diser sämmtliche griechischen
und lateinischen worte, welche sich im arischen widerfinden,
zusprechen müssen. Soll es nun reiner zufall sein, dass von
disen 123 worten im italischen nur 24, im griechischen aber
103 erhalten sind? Wer die geographischen verhältnisse in
betracht zieht, wird an solchen zufall schwer glauben.

Also auch in Südeuropa besteht das selbe verhältniss wie
in Nordeuropa, es gibt keine grenze zwischen den arischen
und den europäischen sprachen, das griechische ist ebenso un-
zertrennlich mit dem lateinischen wie mit dem arischen verbunden. Dass es keine gemeinsame europäische grundsprache
gegeben hat, bewis uns schon das slawische, jetzt sind auch
die südeuropäische und die graecoitalische grundsprache un-
haltbar geworden, und wir sehen überall nur stufenweisen con-
tinuierlichen übergang von Asien nach Europa.

Ebenso wenig wie wir die bisher betrachteten sprachen
von einander reissen und genealogisch trennen konnten, ist dis
bei den noch übrig bleibenden europäischen möglich, wie ich
hier nur ganz kurz anzudeuten brauche, da ich dabei auf die
resultate der untersuchungen von Lottner, Ebel und Schleicher
verweisen kann.

Lottner kommt in seinem oben schon erwähnten aufsatze

über die stellung der Italer zu dem ergebnisse, dass das lateinische nirgends in seiner grammatik eine speciellere verwantschaft mit dem griechischen zeige, vilmer an mereren stellen eine entschidene hinneigung zu den nordischen sprachen (ztschr. VII, 49). Auch seine lexicalischen zusammenstellungen ergeben eine grössere menge gleicher worte und wurzeln zwischen dem lateinischen und den nordeuropäischen sprachen als zwischen dem lateinischen und dem griechischen. Die culturgeschichtlich wichtigsten worte teilt es mit den nordischen sprachen (163 ff.), z. b. *ador* got. *atisk; farr-* got. *baris; grānum* got. *kaurn* u. a. Dem gegenüber sind die engen beziehungen des lateinischen zum griechischen, welche beide sprachen von einander zu trennen verbieten, oben (s. 19 f.) angedeutet.

Die speciellen übereinstimmungen des lateinischen mit dem keltischen haben Schleicher (beitr. I, 437 ff.) und Lottner (beitr. II, 309) hervorgehoben, sie sind zum teil derart, dass sie die zufälligkeit absolut ausschliessen, so die neubildungen des passivs mittels anhängung des reflexivpronomens, dessen *s* im keltischen wie im lateinischen zu *r* geworden ist, obwol das keltische disen lautwandel sonst nicht kennt. Ferner die mit dem praesens der wurzel *bhu* gebildeten futura: *predchibid* = *praedicabit*, und die mit wurzel *as* zusammengesetzten perfecta: altir. *(ro)-gén-sa-m* fecimus gebildet wie lat. *man-si-mus*, anderer gemeinsamkeiten zu geschweigen. Also, was sich bei den bisher betrachteten sprachen herausgestellt hat, gilt auch vom lateinischen, es ist die organische vermittelung zwischen allen seinen nachbaren, dem griechischen, keltischen und deutschen.

Und das keltische ist weiter die organische vermittelung zwischen dem lateinischen und deutschen, wie Ebel (beitr. II, 137—194) ausfürlich dargelegt hat. Ebel fasst das resultat seiner untersuchung folgendermassen zusammen: ʻÜberall haben sich uns mindestens ebenso bedeutsame analogien des keltischen zum deutschen (und in zweiter linie zum litu-slawischen) ergeben als zum italischen (und sodann zum griechischen); eine art mittelstellung wird somit kaum zu leugnen sein' u. s. w. (s. 194). Und die sätze, mit welchen Ebel seine untersuchung eröffnet, stehen in völligem einklange mit dem in disen blättern entwickelten. Er sagt: 'Die europäischen glider des arischen [d. h. indogermanischen] sprachstammes bilden eine kette, deren beide enden nach Asien hinübergreifen; unverkennbar zeigt die meisten berürungen mit den asiatischen sprachen das griechische, wogegen das slawische wol die meisten speciellen übereinstimmungen mit den iranischen aufweist. Ebenso wie hier schliessen sich auch innerhalb diser kette die nächst gelegenen glider anerkanntermassen zunächst an einander an' u. s. w. Wir können nun allerdings gemeinsame eigentümlichkeiten mererer sprachen unter einer collectivbezeichnung zusammenfassen, z. b. von graecoitalischen gemeinsamkeiten sprechen. Dass inen aber eine historische realität beiwone, d. h. dass es jemals einē graecoitalische grundsprache gegeben habe, aus welcher durch spaltung das griechische und italische hervorgegangen seien, halte ich nicht für erwisen.

Überall sehen wir continuierliche übergänge aus einer sprache in die andere, und es lässt sich nicht verkennen, dass die indogermanischen sprachen im ganzen und grossen desto mer an ursprünglichkeit eingebüsst haben, je weiter sie nach westen vorgerückt sind, und je zwei an einander grenzende sprachen immer gewisse nur inen gemeinsame charakterzüge zeigen. So gibt es grammatische formen, welche, in den arischen sprachen üblich, nicht weiter nach westen erhalten sind als in den europäischen grenzsprachen, dem slawolettischen und griechischen, dahin gehört z. b. der zusammengesetẓte aorist, villeicht auch das futurum auf -sjāmi, doch nicht sicher, da das lateinische futurum exactum ja das selbe suffix hat, wenn es auch im stamme abweicht. Worte und wurzeln, welche nur in den genannten sprachen nachgewisen sind, verzeichnet der anhang IX. Nur auf dem grenzgebiete von Europa-Asien findet sich der übergang von s in h, im eranischen, griechischen und slawischen zwischen vocalen, anlautend nur in den beiden erstgenannten *).

---

*) Der irische übergang von s zwischen vocalen in h ist durch die

Nur im arischen, griechischen und slawischen hat der pronominalstamm *ja-* relative bedeutung gewonnen, was für die syntax diser sprachen von grosser bedeutung geworden ist. Besonders bevorstechend ist die eigentümlichkeit der betonung. Der freie an keine silbe des wortes gebundene hochton, wie wir in im indischen finden, hat sich in voller unbeschränktheit nur in den an das arische grenzenden slawolettischen sprachen und innerhalb der drei letzten silben in dem ebenfalls an das arische grenzenden griechischen erhalten. Je weiter nach westen eine sprache vorgeschoben ist, desto einförmiger wird ire betonung. Das altlateinische war in seiner betonung noch freier, verliert dise freiheit aber und macht die ganze betonung von der quantität der paenultima abhängig. Die freie betonung im slawischen ist auch nur im osten und süden bei Russen, Bulgaren und Serben bewart, die Westslawen mit ausname der Polaben haben dagegen den ton unabänderlich, die Polen auf die paenultima, die Čechen und Sorben nach deutscher art auf die wurzelsilbe der worte gebannt. Ob die Letten das gleiche betonungsprincip den deutschen colonisten verdanken oder aus eigenem antribe geschaffen haben, bleibt unentschiden.

Wollen wir nun die verwantschaftsverhältnisse der indogermanischen sprachen in einem bilde darstellen, welches die entstehung irer verschidenheiten veranschaulicht, so müssen wir die idee des stammbaumes gänzlich aufgeben. Ich möchte an seine stelle das bild der welle setzen, welche sich in concentrischen mit der entfernung vom mittelpunkte immer schwächer werdenden ringen ausbreitet. Dass unser sprachgebiet keinen kreis bildet, sondern höchstens einen kreissector, dass die ursprünglichste sprache nicht im mittelpunkte, sondern an dem einen ende des gebietes ligt, tut nichts zur sache. Mir scheint auch das bild einer schiefen vom sanskrit zum keltischen in ununterbrochener linie geneigten ebene nicht unpassend. Sprachgrenzen innerhalb dises gebietes gab es

in gleicher lage auch andere consonanten ergreifende aspiration bewirkt, also mit dem lautwandel der genannten sprachen nicht zu vergleichen.

ursprünglich nicht, zwei von einander beliebig weit entfernte dialekte des selben A und X waren durch continuierliche varietäten B, C, D, u. s. w. mit einander vermittelt. Die entstehung der sprachgrenzen oder, um im bilde zu bleiben, die umwandelung der schiefen ebene in eine treppe, stelle ich mir so vor, dass ein geschlecht oder ein stamm, welcher z. b. die varietät F sprach, durch politische, religiöse, sociale oder sonstige verhältnisse ein übergewicht über seine nächste umgebung gewann. Dadurch wurden die zunächst ligenden sprachvarietäten G, H, I, K nach der einen, E, D, C nach der anderen seite hin von F unterdrückt und durch F ersetzt. Nachdem dis geschehen war, grenzte F auf der einen seite unmittelbar an B, auf der anderen unmittelbar an L, die mit beiden vermittelnden varietäten waren auf gleiches niveau mit F auf der einen seite gehoben, auf der anderen herabgedrückt. Damit war zwischen F und B einerseits, zwischen F und L andererseits eine scharfe sprachgrenze gezogen, eine stufe an die stelle der schiefen ebene getreten. Derartiges ist ja in historischer zeit oft genug geschehen, ich erinnere nur an die immer mer und mer wachsende macht des attischen, welche die dialekte allmählich ganz aus der schriftsprache verdrängte, an die sprache der statt Rom, welche sämmtliche übrigen italischen dialekte erdrückte, an das neuhochdeutsche, welches in villeicht nicht allzu langer zeit die gleiche vernichtung der deutschen dialekte vollbracht haben wird.

Bilder haben in der wissenschaft nur ser geringen wert, und misfallen jemand die hier gewälten, so mag er sie nach belieben durch treffendere ersetzen, an dem ergebnisse der vorstehenden untersuchung wird dadurch nichts geändert.

Fallen also die in neuerer zeit construierten grundsprachen, die europäische, nordeuropäische, slawodeutsche, südeuropäische, graecoitalische oder italokeltische dem reiche des mythus anheim, so schwindet auch die mathematische sicherheit, welche man für die reconstruction der indogermanischen ursprache schon gewonnen zu haben glaubte. Zwar gibt es eine ganze reihe von worten und grammatischen formen, deren vorhisto-

rische grundformen wir zuverlässig erschliessen können, selbst
wenn sie in keiner einzigen sprache unverändert erhalten sind,
z. b. ergibt sich aus skr. *bāhu-s*, πῆχυ-ς, anord. *bōg-r* zweifellos
ein indogermanisches *bhāghu-s*. In anderen aber sind wir
ausser stande bis zu einer grundform durchzudringen, das
gilt z. b. vom pronomen der ersten person: die europäischen
sprachen weisen auf *agam*, die arischen auf *agham* als grundform; skr. *hṛd* herz und abaktr. *zaredhaēm* weisen auf *ghard*
als wurzelbestandteil, καρδία, *cor*, altir. *cride*, got. *hairtō*,
abulg. *srǐdǐce*, lit. *szirdìs* dagegen auf *kard*; skr. *ē-ka-* eins weist
auf *ai-ka-*, abaktr. *aē-va-*, griech. *οἶ-ϝο-* (οἶος allein) auf *ai-va-*,
griech. *οἴ-νη* einheit, lat. *oi-no-s, u-nu-s*, altir. *óin*, got. preuss.
ai-n-s, lit. *v-ě-na-s*, abulg. *i-nŭ* auf *ai-na-* als benennung der
einzal. In disen und anderen fällen finden wir schon in der
für unsere wissenschaftlichen mittel letzterreichbaren sprach-
epoche dialektische variation, und es ist heute noch reine
willkür, wenn man dann e i n e der letzterreichbaren wortformen,
z. b. *agham* oder *agam* als ausgangspunkt für die anderen an-
setzt. Wo drei so verschidene formen wie *ai-ka-, ai-va-, ai-na-*
den abschluss der reconstruction bilden, da verbietet sich ein
solches verfaren von selbst.

Eine andere schwirigkeit bei der reconstruction der ursprache entsteht aus der verbreitung der worte in historischer
zeit. In wie vil sprachen ein wort vorhanden sein muss, um
anspruch auf urindogermanischen adel zu gewinnen, das schin
nicht schwer zu entscheiden, wenn man sich die, in welcher
weise auch immer, nach rückwärts convergierenden linien eines
stammbaumes zeichnen durfte. Dise frage muss nun so lange
unentschiden bleiben, bis man die sprachen, etwa in der weise
meines anhanges IX, nur in weit grösserer ausdenung darauf
untersucht hat, wie sich die in mereren sprachen übereinstimmenden erscheinungen geographisch verteilen. Vor der hand
wage ich z. b. von den im neunten anhange verzeichneten
worten weder zu behaupten, dass auch Deutsche, Italer und
Kelten sie einst besessen haben, noch dis zu verneinen.

Dass eine einheitliche indogermanische ursprache einmal

vorhanden gewesen sei, ist höchst warscheinlich, ja ganz sicher,
wenn sich erweisen lässt, dass das menschengeschlecht von
einigen wenigen individuen seinen anfang genommen hat.
Dis zu erweisen ligt anderen ob, wir müssen uns fürs erste damit bescheiden, dass die sprachwissenschaft mit iren heutigen
mitteln noch nicht ganz bis zu ir hindurch gedrungen ist,
in manchen fällen vilmer selbst in vorhistorischer zeit auf
dialektische variation stösst, vor welcher sie noch als nicht
weiter reducierbar stehen bleiben muss. Ja es felt uns auch
innerhalb des bis auf die grundformen reducierbaren sprachmaterials noch jede chronologie. Nemen wir z. b. skr. *vidvatsu*
= εἰδόσι, so ist zwar nach aller analogie zu schliessen, dass
auch diser perfectstamm einmal redupliciert war, ferner dass
das stammbildungssuffix in ältesterreichbarer zeit *vant* und
das casussuffix *sva*, Schleicher vermutet sogar *svas*, gelautet
hat. Geben wir also zu, dass die ältesten formen der drei
elemente *vivid-*, *-vant-* und *-svas* (das schluss-*s* ist von Schleicher
nur nach analogie anderer pluralcasus hinzugefügt) gewesen
sind, so haben wir damit noch nicht die sicherheit gewonnen,
dass die form *vividvant-svas*, welche Schleicher in seiner indogermanischen fabel anwendet (beitr. V, 207), in diser totalität
einmal gelebt hat. Niemand kann sagen, ob zu der zeit, als
die casussuffixe an die nominalstämme zu treten begannen, der
stamm unseres wortes noch *vividvant-* oder schon *vidvant-*
lautete, und ob das *n* jemals zugleich mit dem locativsuffix
vorkam, nicht sogleich mit antritt des selben schwand. Die
uns erreichbare grundform eines wortes, stammes oder suffixes
ist weiter nichts als das jeweilige endergebniss unserer
forschungen über das betreffende sprachelement und nur als
solches für die sprachgeschichte von wert. Sobald wir aber
eine grössere oder geringere zal von grundformen zusammenstellen und meinen damit ein stück der ursprache, sei es so
gross oder so klein es will, aus einer und der selben zeit
gewonnen zu haben, schwindet uns aller boden unter den füssen.
Die grundformen können in ganz verschidener zeit entstanden
sein, und wir haben noch gar keine bürgschaft dafür, dass die

grundform A noch unverändert war, als B entstand, dass die zugleich entstandenen C und D auch gleich lange unverändert gebliben sind, u. s. f. Wenn wir also einen zusammenhängenden satz in der ursprache schreiben wollen, kann es leicht geschehen, dass er, wenn auch jedes element des selben für sich richtig reconstruiert ist, als ganzes dennoch nicht besser da steht als die übersetzung eines verses der evangelien, deren einzelne worte man teils aus Vulfilas teils aus des sogenannten Tatians teils aus Luthers übersetzungen entnommen hätte, da alle geschichtliche perspective in der ursprache noch felt.

Die ursprache bleibt demnach bis auf weiteres, wenn wir sie als ganzes betrachten, eine wissenschaftliche fiction. Die forschung wird durch dise fiction allerdings wesentlich erleichtert, aber ein historisches individuum ist das, was wir heute ursprache nennen dürfen, nicht.

In diser untersuchung habe ich das arische, slawolettische griechische, italische u. s. f., wie zu geschehen pflegt, je als ein ganzes betrachtet. In wirklichkeit sind sie dis nicht, und es muss weiterer forschung vorbehalten bleiben zu entscheiden, ob die für das grosse ganze der indogermanischen sprachen hier abgewisene vorstellung der sprachtrennungen und des stammbaumes auf beschränkterem gebiete ire richtigkeit hat, ob z. b. die in historischer zeit erscheinenden slawischen sprachen durch eine oder merere spaltungen aus einer slawischen grundsprache, und dise aus einer slawolettischen grundsprache hervorgegangen sind, oder ob sich auch hier die einzelnen sprachen durch allmähliches wachsen der dialektischen verschidenheiten von einander entfernt haben, wie ich es für eine frühere periode der indogermanischen sprachgeschichte zu erwéisen versucht habe.

Anhang.

Im folgenden gebe ich die wortverzeichnisse, deren resultate in der vorhergehenden untersuchung verwertet sind. Die verzeichnisse I—IV stellen das verhältniss des slawolettischen sprachschatzes einerseits zum deutschen, andererseits zum arischen dar, V—VIII das des griechischen sprachschatzes einerseits zum lateinischen, andererseits zum arischen, und IX verzeichnet einige nach westen nicht über das slawolettische und das griechische hinaus vorkommende worte. Die von Fick (vergl. wörterb. d. indog. spr. 507 ff. 421 ff.) und Förstemann (Germania XV, 391 ff., ztschr. f. vgl. sprf. XVII, 354 ff.) zusammengestellten slawodeutschen und graecoitalischen wortverzeichnisse gehen von der voraussetzung aus, dass slawolettisch und deutsch sowie griechisch und italisch innerhalb unseres sprachstammes eine engere einheit bilden und durch spätere spaltung aus je einer grundsprache hervorgegangen seien. Daher streben dise verzeichnisse alle innerhalb der genannten sprachen übereinstimmenden worte zu geben, mögen die selben allein in disen sprachen vorkommen oder auch in anderen nachgewisen sein. Ja es finden sich in disen verzeichnissen auch worte, welche zwar tatsächlich aus den selben wurzeln mit den selben suffixen gebildet sind, von denen es aber teils warscheinlich, teils sicher ist, dass sie in jeder der genannten sprachen unabhängig von der anderen entstanden sind.*)

---

*) Dahin gehört z. B. Ficks graecoitalisches *kalātor* rufer. Allerdings stimmen καλήτωρ und *calātor, nomen-culātor, nomen-clātor* scheinbar ganz genau überein, wenn wir aber erwägen, dass es im aeolischen und dorischen

Handelt es sich darum die worte zu sammeln, deren übereinstimmung in zwei oder mereren sprachen für die verwant-
schaftsbestimmung diser sprachen in die wagschale fällt, so wird
man nicht alle factisch übereinstimmenden nemen dürfen, sondern nur solche, welche erstens nur in den betreffenden
sprachen nachgewisen sind und von denen es zweitens unwar-
scheinlich ist, dass sie jede sprache für sich gebildet habe.
Tatsächlich stimmen z. b. *ἄκτωρ* und lat. *actor* überein, allein
wer bürgt uns dafür, dass nicht jede der beiden sprachen für
sich nach sonst bestehenden analogien zu *ἄγω, ago ἄκτωρ* und
actor gebildet habe? Wir haben hier noch ebenso wenig recht
für eine hypothetische graecoitalische vorzeit ein *aktor* anzu-
setzen, als uns das felen des entsprechenden wortes im sanskrit
berechtigt der indogermanischen ursprache die möglichkeit ab-
zusprechen aus der wurzel *ag* ein nomen agentis *ak-tar-* zu
bilden. So habe ich z. b. ausgelassen unter den slawolettisch-
arischen worten lit. *sak-tì-s* schnalle (*sègti* schnallen), skr.
sak-ti- verbindung, unter den graecoitalischen *χϑαμα-λός, humi-
li-s; φιτύ-ω, futu-o,* unter den griechisch-arischen *τέρψις,* skr.
trp-ti-s, sättigung, befridigung; *τόνος,* skr. *tāna-s* faden, ge-
denter ton; *ϑέμις,* ion. gen. *ϑέμιος,* abaktr. *dāmi-* schöpfung;
ἀ-μβροσ-ία, skr. *a-mṛta-m* und manche andere.

Ein wort oder eine wurzel, welche sich noch ausser den
in der überschrift jedes verzeichnisses genannten sprachen
findet, habe ich principiell von der aufname ausgeschlossen,
also felt z. b. unter den graecoitalischen worten bei mir *in-sece* =
ἔννεπε, denn lit. *į-sakýti* nachdrücklich sagen zeigt die entsprechende zusammensetzung auch im norden Europas.

Leider bin ich in den keltischen sprachen nicht bewandert,

---

heisst *κέκλημαι, ἐκκλησία,* dor. *κικλήσκω, κατάκλητος* (Ahrens dial. I, 87.
II, 132), so stellt sich heraus, dass *καλήτωρ* auf griechischem boden niemals
κᾱλᾱτωρ gelautet hat, dass auch *κλήτωρ, κλητήρ* nicht aus *κλᾱτωρ,* sondern
aus *καλήτωρ* entstanden, also vom verbalstamme *καλε-* gebildet sind; diser
scheint, nach hom. *καλέσ-σω, καλέσ-σας* zu schliessen, aus *καλεσ-* hervorgegangen zu sein. *καλήτωρ* ist also durch eine lange geschichte von lat.
calator, -clator, welches von *calare* hergeleitet ist, getrennt.

3

was ich hier als eine mögliche quelle von felern in meinen
verzeichnissen bekennen muss. Es mögen also einige der worte,
welche ich als ausschliesslich graecoitalisch oder slawodeutsch
aufgefürt habe, wegen ires vorkommens auch im keltischen
aus disen verzeichnissen zu streichen sein. Das resultat der
vorstehenden untersuchung wird im wesentlichen dadurch nicht
erschüttert werden, denn da alle autoritäten darin einig sind,
dass lateinisch und deutsch dem keltischen vil näher stehen
als griechisch und slawisch, so werden von meinen verzeichnissen das deutsch-slawische, deutsch-arische, italisch-grie-
chische und italisch-arische vil mer der verminderung durch
das vorkommen eines irer worte im keltischen ausgesetzt sein
als das slawisch-arische und griechisch-arische. Das heisst
also, ich laufe vil mer gefar die speciellen übereinstimmungen
zwischen dem slawischen und deutschen sowie zwischen dem
griechischen und italischen numerisch zu hoch anzuschlagen,
als die zwischen dem slawischen und arischen einerseits, dem
griechischen und arischen andererseits. Dadurch würde in dem
europäische und arische sprachen vermittelnden charakter des
slawolettischen und griechischen das arische element noch mer
hervortreten als es nach meinen sammlungen scheint, die
unwarscheinlichkeit einer slawisch-litauisch-deutschen und einer
graecoitalischen grundsprache also noch erhöht werden.

Eben dahin wirkt noch ein anderer umstand. Lehnworte
beweisen natürlich für die verwantschaft der entlehnenden
sprache gar nichts. Nun ist es bis jetzt noch unmöglich die
ältesten vorhistorischen entlehnungen zwischen zwei nahver-
wandten sprachen von den urverwanten worten scharf zu
scheiden. Wo ein wort durch seine form gegen die lautgesetze
oder den lautbestand der sprache, in welcher es angetroffen
wird, verstösst*), oder wo wir sein auftauchen in der betreffen-

---

*) Ich bemerke hier, dass eine slawische oder litauische tenuis an stelle
von ursprünglicher media oder media aspirata nicht unbedingt entlehnung
des betreffenden wortes aus dem deutschen beweist, s. Lottner ztschr. XI, 181;
verf. beitr. VI, 148; z. gesch. d. indog. vocal. I, 72,

den sprache historisch nachweisen können, da ist die entlehnung nicht schwer fest zu stellen.

Aber die worte, welche entlehnt wurden, da die mit einander in austausch tretenden sprachen einander noch näher
standen als in historischer zeit, vor eintritt der später das
kriterium der entlehnung gebenden lautgesetze, oder deren
formen sich mit den lautgesetzen beider in frage kommenden
sprachen vertragen, dise worte von den urverwanten zu scheiden sind wir bis jetzt noch ausser stande. Nun ist es bei der
nahen verwantschaft und dem regen verkere, in dem wir
Deutsche, Litauer und Slawen einerseits, Griechen und Römer
andererseits sehen, vil leichter möglich, dass ein wort, welches
sich nur in einem diser sprachpare findet, heute den schein
eines urverwanten trägt, wärend es in wirklichkeit aus einer
sprache in die andere entlehnt ist, als dass ein wort, welches
die Slawen oder Griechen von den Ariern entlehnten oder umgekert so glücklich graecisiert oder slavisiert sein sollte, dass
es den schein eines urverwanten angenommen hätte. Daraus
folgt widerum, dass in dem nordeuropäischen (I) und graecoitalischen verzeichnisse (V) warscheinlich mer lehnwörter enthalten und also später zu streichen sein werden als in dem
slawolettisch-arischen (II) und griechisch-arischen (VI), d. h. dass
die übereinstimmungen des slawolettischen und griechischen
wortschatzes mit dem arischen verhältnissmässig zalreicher sein
werden als aus meinen zusammenstellungen hervorgeht.

Dise zusammenstellungen erheben natürlich keinen anspruch auf vollständigkeit, welche, wenn für den augenblick
überhaupt erreichbar, doch immer nur für disen augenblick
gelten, mit jedem fortschritte der etymologischen forschung
aber wider verloren gehen würde. Bei solchen sammlungen
kommt es ja vornemlich darauf an das numerische verhältniss,
in welchem die übereinstimmungen eines sprachschatzes mit
disem oder jenem anderen zu einander stehen, im allgemeinen
darzulegen, und dazu sind die folgenden wol reichhaltig
genug. Wenigstens glaube ich ganz unparteiisch verfaren zu
sein, und wenn ich auf der einen seite etwas übersehen habe,

so wird das wol durch übersehen auch auf der anderen seite im ganzen wider ausgeglichen sein. Wer die schwirigkeiten und bedenken, mit welchen man beim zusammenstellen solcher wortverzeichnisse fast auf schritt und tritt zu kämpfen hat, aus erfarung kennt, wird meinen versuch nachsichtig beurteilen. Vor allem war geboten nur möglichst sichere fälle aufzunemen. Unter disen sind selbstverständlich die meisten schon bekannt. Bei einigen der allerbekanntesten hielt ich mich litterarischer nachweisungen für enthoben; bei den übrigen habe ich mich der raumersparniss wegen begnügt auf die zugänglichsten hilfsmittel zu verweisen, welche weitere auskunft geben. Dabei bedeutet:

C. = Curtius grundzüge der griechischen etymologie, dritte auflage;

F. = Fick vergleichendes wörterbuch der indogermanischen sprachen;

L. = Lottners graecoitalisches wörterverzeichniss ztschr. VII, 170—178;

M. = Miklosich lexicon palaeoslovenico-graeco-latinum;

voc. = Joh. Schmidt zur geschichte des indogermanischen vocalismus.

I. Worte und wurzeln, welche bisher nur in den nordeuropäischen sprachen nachgewisen sind.

A. In allen drei sprachfamilien vorkommende.

1. lit. *álkti*, ab. *alŭkati, lakati* hungern, ahd. *ilgi* fames.
2. lit. *alùs* bier, preuss. *alu* met, ab. *olŭ σικέρα*, ags. *ealu*, an. *öl* bier, M.
3. lit. *ar-kla-s* hakenschar zum zwiebracken, ab. *ralo* pflug, mhd. *arl* pflugmesser (Grimm wörterb. I, 551), grundform *ar-tla-*.
4. preuss. *assanis*, ab. *jesenĭ* herbst, got. *asans* sommer, ernte, F. 510.
5. lit. *básas*, ab. *bosŭ* barfuss, ahd. *bar* nackt, ledig, F. 533.

6. lit. *bléndža-s, blė́sti-s* sich verdunkeln von der sonne, *blịsta, blìndė, blìsti* es wird abend, der himmel bezieht sich, got. *blinds,* F. 534, ab. *blĕdŭ* bleich (*ĕ = en,* voc. I, 85).

7. ab. *bra-vŭ* animal, serb. *brav* 1) schafvih 2) aper castratus, russ. *borovŭ* eber, an. *bör-g-r,* ags. *bear-g,* ahd. *paruc* verres, majalis, ferner ags. *bār,* engl. *boar,* ahd. *pēr,* pl. *pēri,* mhd. *bēr* zuchteber, nhd. *ber, beier* (Grimm wörterb. I, 1124. 1368), langob. *sonarpair;* Grimms vermutung, das *r* sei aus *s* entstanden, welches in der variante lang'ob. *sonor-paiz* erhalten sei (gesch. d. d. spr. 695) wird durch das slawische widerlegt; der diphthong erklärt sich durch umlaut: *bairi-* aus **bar-i-* wie got. *daili-* aus lit. *dalìs, haila-* aus skr. *kalja-* u.a.; villeicht steckt in preuss. *wissambers* eber ein verwantes wort; wurzelverwant mit *bra-vŭ* ist auch ab. *bar-anŭ* vervex.

8. ab. *dǫgatŭ* bunt, lit. *dážas* tunke, farbe, *dažýti* tunken, färben, *dáglas* Don., jetzt *déglas* weiss und schwarz gefleckt von schweinen, ags. *deágan, deóg* färben, ahd. *tugot* variatur Gf. V, 369 (variatus? = ab. *dǫgatŭ?*).

9. ab. *dǫžĭ* stark, lit. *daúg* vil, got. *dugan* taugen, gesch. d. ind. voc. I, 172.

10. ab. *dlŭbǫ, dlŭbsti* aushölen, *dlato* meissel = preuss. *dalptan* (Burda beitr. VI, 394), ags. *delfan,* ahd. *telpan, delban* graben, M., F. 528.

11. ab. *cĕlŭ,* got. *hails,* preuss. *kail-ūst-iskun* acc. gesundheit, M., F. 512 (gemeinsam ist nur die epenthese, vgl. skr. *kalja-s, κᾱλός, κάλλος*).

12. ab. *črĕda* ἐφημερία, vices diariae, preuss. *kērda* zeit, ahd. *herta* wechsel, Fick ztschr. XX, 167.

13. preuss. *dragios* hefen, ab. *droždiję* f. pl., an. *dregg* f., gen. *dreggjar* fermentum.

14. lit. *galvà,* preuss. *gallŭ* kat. haupt, *galwas-dellīks* hauptstück, ab. *glava,* an. *kollr* kopf, Förstemann Germania XV, 393.

15. lit. *nu-si-gą́sti,* ab. *u-žasnǫti,* got. *us-geisnan* sich entsetzen, voc. I, 56. 86.

16. lit. *girnos,* ab. *žrŭny,* got. *-qairnus,* ahd. *quirn* müle, M.

17. ab. *gladŭkŭ*, lit. *glodas* glatt, serb. russ. *glista* spulwurm, regenwurm, ahd. *glat*, ags. *glīdan* gleiten, voc. I, 58.

18. ab. *gnetᶐ, gnesti*, zusammendrücken, preuss. *gnode* backtrog, ahd. *chnetan*.

19. preuss. *grabis* berg, ab. *grŭbŭ* rücken, *gębŭ, grŭba* ein den körper nach rückwärts beugender krampf, russ. *gorbitĭsja* sich beugen, lit. *grubus* holperig, *nu-grubti* uneben werden, zusammenschrumpfen, ahd. *chramph* gekrümmt, mhd. *krampf* spasmus, ahd. *chrimfan* zusammenziehen, an. *kreppa*.

20. ab. *gradŭ* mauer, garten, stall, statt, lit. *gàrdas* hürde, got. *gards*, M.

21. lit. *granda, grandis, grindis* dile, bretterboden, preuss. *grandico* bole, ab. *gręda* balken, an. *grind* gitter, ags. *grindel*, ahd. *crintil* balken, rigel, stange, Diefenbach, got. wrtb. I, 392.

22. ab. *gruda* (erd-)scholle, (schnee-)flocke, (tau-)tropfen, poln. *gruda* gefrorene erdscholle, lit. *grúdas* korn, kern, tautropfen, *grŭ̃das* gefrorene scholle, an. *grjōt* steine, ahd. *grioz* sandkorn, an. *grautr* grütze, F. 521.

23. ab. *iskati*, lit. *jёszkóti* suchen, ahd. *eiscōn* wünschen, M. (denom. von ab. *iska*, ahd. *eisca*, das im lit. verloren ist, primitiv skr. *iḱḱhati* suchen, wünschen).

24. serb. *jasika*, lit. *ŭ̆sis*, preuss. *woasis*, an. *askr*, ahd. *ask* esche, F. 510.

25. ab. *kolo*, gen. *kolesa* und *kola*, preuss. *kelan*, an. *hvel* n. rad, Förstemann, Germania XV, 399.

26. ab. *ladij, ladija*, lit. *eldija* kan, schwed. *jol, jolle, julle*, dän. *jolle*, ndl. *jol*, ndd. *jolle*.

27. lit. *lápas* blatt, nslov. *lepen*, got. *laufs*, M., F. 539.

28. lit. *linksmas* froh, erfreulich, lett. *līgsms*, ab. *līza, po-līza* nutzen, dessen *z*, wie die schreibart alter quellen beweist, erst im slawischen aus *gj* entstanden ist, got. *leikan*, gefallen, gefallen finden, voc. I, 92.

29. ab. *ljudŭ, ljudije* volk, leute, lett. *laudis*, ahd. *liut, liuti* M.

30. ab. *lomiti*, preuss. *limtwei* brechen, ahd. *lam* gebrechlich, lam, F. 540.

31. ab. *loší* mager, serb. *loš* schlecht, lit. *lēsas* mager, got. *lasivs* schwach, ags. *lässa* minor, *läsast* minimus, F. 540.

32. ab. *mączti* plagen, lett. *mākt*, ahd. *mūhhan* grassare, praedare, voc. I, 167.

33. ab. *navǐ* der tote, lett. *nawe* tod, preuss. *nowis* rumpf (?), got. *naus* der tote, M., F. 529; wenn die slawolettischen worte nicht deutsche lehnworte sind, so besteht gar kein zusammenhang mit *νέκυς*, abaktr. *naçu-s*, sondern mit ab. *u-ny-ti* ermatten, *u-ny-vati* den mut sinken lassen, warscheinlich auch mit ahd. *niuwan, nūwan, nouwan* stossen, zerstossen, Graff IV, 1125.

34. poln. russ. *osina* espe, preuss. *abse*, lett. *apsa* ahd. *aspa*, espe, zitterpappel.

35. ab. *pivo*, lit. *pývas*, preuss. *piwis* bier, an. *bior*, Schleicher ztschr. VII, 224.

36. ab. *plŭkŭ*, lit *pùlkas*, ahd. *folc* M.

37. ab. *prągŭ* heuschrecke, lit. *sprùgti* entspringen, as. *springan* (*s* verloren wie in *prędati*, got. *sprauto* s. 42.).

38. lit. *sergù, sìrgti* krank sein, *sarginti* einen kranken pflegen, ab. *sragŭ* furchtbar, streng, got. *saurga* sorge, ahd. *sworga, sorga*.

39. ab. *sětǐ* strick, lit. *sëtas, pa-saitas* riemen, gehenk, ahd. *seito*, ags. *sāda* strick, seite, F. 546.

40. ab. *sǐrebro* Supr. 318, 4. 26. 28, *sŭrebro* Ostr. und glag. Cloz., preuss. *sirablan* acc. katech. *siraplis* nom. vocab., lit. *sidábras*, got. *silubr* silber.

41. ab. *skrada, skvrada, skovrada* tiegel, pfanne, herd, lett. *skārde* blech (lit. *skauradà, skaradà, skarvadà* russ. lehnwort), mhd. *schart* tiegel, pfanne, ahd. *skart-īsarn* clibanum, craticula.

42. ab. *slědǔ* spur, lit. *lendù, lísti* kriechen, ags. *slīdan* gleiten, voc. I, 58.

43. lit. *slìnkti* kriechen, schleichen, ab. *sląkŭ* krumm, ags. *slincan* kriechen, ahd. *slīchan*, voc. I, 54.

44. ab. *smučati, smykati sę* kriechen, lit. *smunkù, smùkti* herab-
gleiten, anord. *smjūga* hineinkriechen, anziehen, Pott
wzwtb. III, 351.

45. ab. *stado* herde, žem. *stodas* herde, besonders von pferden,
an. *stōð*, ahd. *stuot* herde von pferden, M., F. 550.

46. russ. *suliti* versprechen, lit. *siúlyti* anbieten, got. *saljan*
darbringen.

47. lit. *tikiù, tikéti* glauben, vertrauen, ahd. *dingan* hoffen, zu-
versichtlich glauben, F. 524, ab. *tǔčiti λογίζεσθαι*?

48. ab. *trǫdǔ δυσεντερία*, lit. *trésti*, anord. *drīta* cacare, voc.
I, 57.

49. lit. *trandys* milbiger staub, poln. *trǫd* aussatz, got. *thruts-
-fill* aussatz, voc. I, 160.

50. ab. *trěsnǫti* einschlagen (v. blitze), *trěskǔ* krach, *troska* blitz-
schlag, lit. *tarszkéti, traszkéti* klappern, rasseln, got.
thriskan dreschen, M., F. 525.

51. ab. *trudǔ*, anord. *thraut* arbeit, not, got. *us-thriutan* ver-
druss bereiten, voc. I, 160, auch lit. *triúsas* (s. Schleicher
Don. gl.) arbeit, anstrengung, *triusù, triústi* arbeiten, sich
bemühen sind wol urverwant (*triud-s-*), wärend *trúdnas*
beschwerlich slawisches lehnwort ist.

52. lit. *tùkstantis*, preuss. *tūsimtons* acc. pl., ab. *tysǫšta*, got.
thusundi tausend.

53. lit. *vàrgti* elend sein, *vàrgas* not, preuss. *wargs* schlecht,
ab. *vragǔ* feind, teufel, an. *vargr* wolf, übeltäter, M.

54. ab. *vedro* klares wetter, ags. *veder*, ahd. *wetar* gutes und
schlechtes wetter, lit. *audra* orkan, F. 542.

55. ab. *vina* ursache, schuld, lett. *vaina* schuld, *vainigs* schuldig,
schadhaft, got. *vainags* elend.

56. russ. *voroby* haspel, zwirnmüle, preuss. *wirbe* seil, (falls
sein *b* nicht graphisch für *v* steht: lit. *virvě*, ab. *vrĭvĭ*),
an. *varp*, ahd. mhd. *warf* aufzug des gewebes, welche also
nicht zu *vairpan* zu stellen sind, lit. *vèrpti* spinnen (*p* für
b wie in *silpnas, pupà* u. a.).

57. ab. *voskǔ*, lit *vászkas*, ahd. *wahs* wachs, F. 544.

58. ab. *vŭnukŭ* enkel, lit. *anukas*, ahd. *eninchil*.

59. ab. *zemlja*, lit. *žémé* land, got. *gavi* weisen sämmtlich auf einen stamm *gham-ja-*, voc. I, 173.

B. Slawisch-deutsche worte und wurzeln.

1. ab. *blędą, blęsti, blądíti* irren, huren, got. *blandan* refl. sich vermischen, verkeren mit, engl. *blunder* irren, M., Diefenbach vgl. wtb. I, 305.

2. ab. *bolŭ* krank, an. *böl*, ahd. *balo*, gen. *balawes* verderben, got. *balva-*.

3. ab. *brady* axt, ahd. *barta*, M.

4. russ. *čemerica*, mhd. *hemere* nieswurz, F. 513, wo noch weitere vergleichungen.

5. ab. *črědŭ* fest, got. *hardus*.

6. ab. *črěmŭ* zelt, ahd. *scirm, scerm*.

7. ab. *dęgŭ* riemen, anord. *taug* f. strick, sene, M. (falls *taug* nicht zu *tjúga* gehört).

8. russ. *dergatŭ* zerren, ab. *raz-dražiti* necken, reizen, ndl. *tergen* zerren, reizen, nhd. *zergen*.

9. ab. *dręselŭ, dręchlŭ* traurig, verstimmt, ahd. *trūrēn* trauern, *trūreg* traurig, welche mit den gewönlich verglichenen ahd. *trōr*, an. *dreyri*, ags. *dreór* cruor, got. *driusan* nichts gemein haben; ist mit erhaltenem nasal ahd. *trinson* lamentationes Graff V, 542 hierher zu stellen?

10. ab. *ględati* sehen, mhd. *glinzen*, ahd. *glīzan* glänzen, voc. I, 57.

11. ab. *gorje* das weh, got. *kara* sorge, as. *kara*, ahd. *chara* leid, kummer, wehklage.

12. ab. *grŭbŭ* roh, unerfaren, nhd. mhd. *grob* dick, roh, ungebildet, Diefenbach ztschr. XVI, 222; (ahd. *o = u = am*).

13. ab. *jadŭ, ědŭ* gift = ahd. *eiz* geschwür, eiterbeule, *eitar* gift, an. *eitr*.

14. ab. *jędrŭ* schnell, ahd. *atar* acer, sagax, celer, F. 509 (M. vergleicht *ἰθαρός*).

15. ab. *klada* balken, klotz, ags. *holt*, ahd. *holz*, M.

16. ab. *kladą, klasti* legen, got. *hlathan*, M.

17. russ. *klenŭ* ahorn, anord *hlunr, hlynr*, F. 516.

18. ab. *konobŭ* becken, gefäss, ahd. *hnapf*, F. 514?, s. Mikl. fremdwörter.

19. ab. *krasta* krätze, ausschlag, nhd. *harsch* rauh, hart, engl. *harsh*, schott. *hars, harsk*, schweiz. *harst* harter schnee, der weich war und gefroren ist, Stalder II, 22.

20. serb. *kuka* haken und ein werkzeug zur bearbeitung des bodens. Wuk (lexicon) beschreibt es: von der einen seite wie eine reuthacke, von der anderen wie ein grosser schnabel, man gebraucht es zur bearbeitung von steinigem boden; *kuka* geht nebst ab. *kuko-nosŭ* krummnäsig auf die voc. I, 153 besprochene wz. *kank* und ist fast identisch mit got. *hōha-n-* pflug aus **kank-a-n-*.

21. ab. *lapa* tatze, got. *lofa* flache hand, ztschr. XIX, 272.

22. ab. *lebedĭ*, ahd. *albiz* schwan, M.

23. ab. *lĭstĭ*, got. *lists* list, M., F. 541.

24. ab. *luditi, luždevati* täuschen, got. *liuts* heuchlerisch, betrügerisch.

25. ab. *lŭgati*, got. *liugan* lügen, M., F. 541.

26. ab. *mlŭnij* f. blitz, an. *Mjölnir* Thors hammer (Grimm myth.[3] 1171), *myln* feuer; preuss. *mealde* blitz ist, wenn richtig gelesen, wenigstens wurzelverwant.

27. ab. *mrakŭ*, an. *mörkvi* finsterniss, falls das von Benfey wzlex. II, 358, L. Meyer ztschr. VIII, 362 verglichene νυχτὸς ἀμολγῷ nicht dazu gehört.

28. ab. *nuta* rind, polab. *nŏtŏ* acc. sg. herde, vih, anord. *naut* rind, ahd. *nōz* vih (entlehnt?).

29. serb. *pas-mo* anzal garnfäden, ahd. *fas-a* faser, franse, M.

30. ab. *pęstĭ*, ahd. *fūst* faust, voc. I, 167.

31. ab. *prędati* springen, poln. *prędki* schnell, *prąd* stromschnelle, got. *sprautō* schnell (*s* verloren wie in *prągŭ*, as. *springan* s. 39, *pěna*, preuss. *spoayno*).

32. ab. *račiti* wollen, as. *rōkjan*, ahd. *ruochan*, M.

33. ab. *rebro* rippe, ahd. *ribbi, rippi*, M., F.

34. ab. *sędra* tropfen, klumpen, ahd. *sintar* metallschlacke, F. 547 (skr. *sindhu-*).

35. ab. *selitva* wonung, got. *salithvōs*, F. 547.
36. ab. *silo*, ahd. *seil*, M, F. 546.
37. ab. *skala* stein, got. *skalja* ziegel, M., F. 549.
38. ab. *skrĕnja* scherz, ahd. *scern* scherz, F. 549.
39. ab. *skvrĭna* besudelung, an. *skarn* mist, M., F. 549.
40. ab. *sliva* pflaume (lit. *slyva*, preuss. *sliwaytos* entlehnt), ahd. *slēa*, *slēha*, M., F. 552.
41. ab. *sramŭ* scham, schande, dtsch. *harm*, M.
42. ab. *stĕna* wand, serb. *stijena* felswand, fels, got. *stains*, M., F. 549.
43. ab. *strĕla* (lit. *strĕlà* entlehnt), ahd. *strāla* pfeil, M., F. 552.
44. poln. *swędzić* anbrennen, anord. *svĭ∂a*, ahd. *swethan* brennen, voc. I, 58.
45. ab. *svrabŭ* krätze, jucken, russ. *sverbĕtĭ*, poln. *świerzbieć* jucken, got. *-svairban* wischen, an. *sverfa* feilen, glätten, M.
46. ab. *štirŭ* lauter, got. *skeirs* klar, M.
47. ab. *veštĭ*, got. *vaihts* ding, M., F. 541.
48. ab. *vrĕdŭ* beschädigung, aussatz, *vrĕditi* beschädigen, got. *fra-vairthan* zu grunde gehen, *fra-vardjan* verderben, ahd. *nartan* violare, vulnerare.
49. ab. *žĭvǫ*, *žĭvati* kauen, ahd. *chiuwan*, M.
50. ab. *žlĕza* glandula, ahd. *chelch* struma.

C. Litauisch-deutsche worte und wurzeln.

1. lit. *báldyti*, *bildéti* poltern, nhd. *boldern*, *poltern*, F. 533.
2. lit. *baudżù*, *baústi* züchtigen, schlagen, ags. *bedtan* schlagen.
3. lit. *brìnkti* quellen, schwellen von erbsen und anderen körnern, die in wasser gelegt werden, *branka* das schwellen diser körner, *brùkti* drängen, zwängen einprägen, got. *ana-praggan* bedrücken, mhd. *phrengen*, *pfrengen* einzwängen.
4. lit. *gabénti* bringen, verschaffen, got. *giban*.
5. lit. *géla* schmerz, *gélti* schmerzen, weh tun, *Gil-tinĕ* todesgöttin, preuss. *golis* der tod, *gallans* die toten, ahd. *quilu*,

quelan cruciari, an. *kvelja* cruciare, necare, ags. *cvellan,*
engl. *kill* töten.

6. lit. *glóbti, globóti* umarmen, umfassen, *glébýs* armvoll, preuss.
po-glabū er hertzete, umarmte, ags. *clyppan,* engl. *clip,*
afris. *cleppa* umarmen, ahd. *clāfdra,* mhd. *klāfter,* Hilde-
brand dtsches wtb. V, 904; F. 519.

7. lit. *gnýbti, gnáibyti* kneifen, mnd. nnd. *knĭpen.*

8. preuss. *instran* schmer, an. *īstur* ntr. fett, Förstemann
Germ. XV, 394.

9. lit. *kaistù, kaitaú, kaisti* heiss werden, got. *heito* fieber,
ahd. *heiz.*

10. lit. *kalbéti* reden, got. *hrōpjan,* ztschr. XIX, 273; Förstemann Germania XV, 401 setzt lit. *kalbà* = an. *skalp* rede.

11. lett. *kauns* schande, scham, hon, got. *hauns* nidrig, demütig,
F. 512.

12. lit. *kiaúszė* schädel, lett. *kausis* schale, schädel, anord.
haus-s, beitr. VI, 148.

13. preuss. *klente* kuh, ahd. *hrind,* F. 515.

14. preuss. *knaistis* brand, an. *gneisti* m. funke (ahd. *ganehaista*
u. s. w. Graff IV, 296, Gr. II, 370. 754 sind dunkel).

15. lit. *kuprà* höcker, ahd. *hovar,* voc. I, 162.

16. lit. *kùr* wo, got. *hvar,* lit. *kùrs,* st. *kurja-* welcher, got.
hvarjis, ztschr. XIX, 272. 274.

17. lit. *kvĕtýs* weizenkorn, pl. *kvĕczei* weizen, got. *hvaiteis*
(preuss. *gaidis* weizen, F. 516, gehört wol nicht hierher,
sondern zu ab. *žito* getreide).

18. preuss. *laydis* lem, an. *ledja* f. lutum, ahd. *letto* m. tohn.

19. lit. *lėsti* picken, körner auflesen, *ap-lasyti* bepicken, die
guten körner von den schlechten sondern, auslesen, got.
lisan zusammenlesen, sammeln.

20. lit. *pa-liáuti* aufhören, got. *af-linnan* (*au* = *an* voc. I, 176).

21. lit. *médis* baum, an. *meiðr* baum, Grimm gesch. 412,
myth.³ 769.

22. lit. *mezgù, mėgsti* stricken, verknüpfen, *mázgas* knoten,
schlinge, ahd. *masca* masche.

23. preuss. *pannean* mosbruch, got. *fani* kot, ags. an. *fen* ntr. sumpf, mor, F. 530.

24. lit. *plùnk-sna* feder, preuss. *plauxdine* federbett, ahd. *fliogan.*

25. lit. *pùk-as* flaumfeder, *paùk-sztis* vogel, got. *fug-ls.*

26. lit. *pů̃lu, pùlti* fallen, ahd. *fallan.*

27. lit. *pùrvas* kot, *pùrvinti* besudeln, ahd. *farawa* farbe?

28. lit. *siunczù* schicke, got. *sandja* (altir. *sét* weg), beitr. VI, 149.

29. lit. *spenýs*, preuss. *spenis* zitze, ahd. *spunni* mutterbrust, F. 551.

30. lit. *sugti* winseln von hunden, got. *svōgjan* seufzen, Förstemann German. XV, 404.

31. lit. *svèrti* wägen, *svàras* gewicht, *svar-bùs* schwer, ahd. *swār* schwer.

32. lit. *vàbalas* käfer, ahd. *wibil* scarabaeus, F. 542.

33. lit. *vágis*, gen. *vágio* zapfen, pflock, keil, ahd. *weggi, wekki* keil, F. 541.

34. lit. *válgyti* essen, ahd. *swelgan, swelhan* verschlucken, Förstemann German. XV, 404.

II. Worte, welche bisher nur in den slawolettischen und arischen sprachen nachgewisen sind.

1. lit. *anglìs*, ab. *ąglž* kole, skr. *aṅgāra-* m. n., M.

2. lit. *assins* blut, skr. *asan-*, F. 18 (mit *r* skr. *asṛa-m, asṛǵ-*, ἔαρ, lat. *assir, assarātus*).

3. lit. *aszarà* trähne, skr. *açra-m, açru,* abaktr. *açru.*

4. preuss. *balsinis* kissen, *po-balso* pfül, skr. *upa-barha-s* kissen, *upa-barhana-m* decke, polster, F. 132, skr. *barhis* opferstreu, abaktr. *barezis* decke, matte.

5. lit. *bangà* welle, skr. *bhaṅga-s* bruch, welle, F. 134.

6. lit. *bàżmas* grosse menge, skr. *bahu* vil, armen. *bazum* vil.

7. ab. *bezž* one, praep. c. gen., lit. *be*, preuss. *bhe* (in der erklärung der zweiten bitte, Nesselmann hat es s. 14, § 21

mit dem vorhergehenden *ir*, von dem es im originaldrucke getrennt ist, zusammengedruckt und verzeichnet im glossar '*irbhe* ohne'), skr. *bahis* draussen, ausserhalb von (ablat.), *bāhja-* aussen befindlich, F. 222; mit Miklosich vergl. gr. IV, 198 *be-zŭ* zu teilen und dis von lit. *be* in der selben weise herzuleiten wie *vŭ-zŭ* von *vŭ*, wird durch lett. *bes*, welches den zischlaut auch ausserhalb des slawischen zeigt, erschwert.

8. lit. *bijóti-s*, preuss. *biātwei*, ab. *bojati sę* sich fürchten, abaktr. *bī*, *bajaiti* erschrecken, skr. *bhī*, ved. *bhajatē* sich fürchten.

9. ab. *bogŭ* gott, abaktr. *bagha-*, apers. *baga* gott, phryg. *Βαγαῖος*, skr. *Bhaga-s* einer der Aditja, F. 133.

10. ab. '*bogŭ* reichtum in dem namen des sonnengottes *Daždĭbogŭ* (gib reichtum), *ne-bogŭ* arm, unglücklich, *u-bogŭ* dass. (*u* = skr. *an-*, welches sonst im slawischen verloren ist), *bogatŭ* reich (lit. *nabágas*, *ùbagas*, *bagótas* entlehnt), skr. *bhaga-s* wolstand, glück.

11. ab. *bronŭ* falb, weisslich, zur bezeichnung weisser pferde, čech. *brůna* schimmel (pferd), skr. *bradhna-* rötlichgelb oder falb, besonders als farbe des pferdes, F. 132.

12. lit. *dainà* volkslied (metrisches 'gesetz'?), abaktr. *daēna* gesetz?

13. lit. *degù* brenne, ab. *žegą* aus *ždegą* (beitr. VI, 140), dessen spur sich auch im polabischen erhalten hat (Schleicher polab. spr. 273, 8), skr. *dahāmi*, abaktr. *dažaiti* verbrennt, nur in disen sprachen als verbum.

14. lit. *dëna* trächtig von kühen, stuten und anderen tieren (Ness.), skr. *dhēnā* milchende kuh, F. 104.

15. ab. *desĭnŭ* dexter, lit. *deszinė́* rechte hand, skr. *dakšina-*, abaktr. *dašina-*, M., in den übrigen sprachen mit anderem suffixe.

16. lit. *dů̃na* brot, skr. *dhānās* f. pl. getreidekörner, Pictet origines II, 313.

17. lit. *gestù, gèsti*, ab. *gasnąti* erlöschen, ausgehen, lit. *gesyti*, ab. *gasiti* auslöschen trans., abaktr. *zah* erlöschen, skr. *ǵas-atē* erschöpft sein, *ǵāsajati* erschöpfen, auslöschen, Pott wzwtb. II, 2, 372 ff.

18. lit. *ginù, gìnti* weren, verteidigen, *genù, gìnti* vih treiben, austreiben, *genù, genéti* die äste am baume abhauen, beschneiden, ab. *ženą, gŭnati* treiben, vertreiben, *žĭnją, žę̇ti* abmähen, ernten, skr. *han-ti* schlagen, töten, abaktr. *g̑an* schlagen, töten, mit *aipi* verjagen, M., F. 67; als verbum nur in disen sprachen erhalten, die wurzel mit gutturalem anlaute noch in ahd. *gund*, an. *gunnr*, ags. *gūð* kampf.

19. ab. *gora* berg, skr. *giri-s*, abaktr. *gairi-s*, M., F. 60.

20. ab. *griva* mäne, *grivĭna* halsband, skr. *grīvā* nacken, M., B-R.

21. ab. *javĕ* offenbar, lit. *ovije* im wachen, skr. abaktr. *āvis* offenbar, M.

22. ab. *ję̇dro* nucleus, testiculus, skr. *aṇḍa-m* ovum, testiculus, F. 9.

23. ab. *język̆*, preuss. *insuwis* zunge, apers. *izāvam* linguam, doch ist das wort nicht ganz sicher, da die beiden ersten buchstaben von Oppert nur ergänzt sind (Spiegel keilinschr. s. 20, z. 74), abaktr. *hizva* f., *hizu-* m. — lit. *lëžùvis* zunge ist an *lėżti* lecken angelent und hat von da sein *l* erhalten.

24. lit. *jū̃das* schwarz, skr. *andha-* blind und beiwort der finsterniss F. 9, lit. *j* vorgeschlagen s. beitr. VI, 147.

25. lit. *kadà* wann, *tadà* dann, serb. *kada, tada* (ab. an deren stelle getreten *kog-da, tog-da*), skr. *kadā, tadā*, abaktr. *kadha, tadha*.

26. lit. *kándu, ką́sti* beissen, ab. *ką̆sŭ* stück, bissen, *ką̆sati* beissen, skr. *khād-ati* kauen, zerbeissen, voc. I, 34.

27. lit. *kartùs* bitter, barsch, ranzig v. geschmack, skr. *kaṭu-* scharf, beissend v. geschmack, F. 37.

28. preuss. *kirsnan* schwarz, ab. *črĭnŭ*, skr. *kṛṣṇa-*, M., F. 38.

29. ab. *krŭk̆*, čech. *krk*, poln. *kark* hals, nacken, skr. *kṛka-s* kelkopf, *kṛkāṭa-m* halsgelenk, M., F. 35.

30. lit. *laùkas* feld, das freie im gegensatz zum hause, *laukė̇* draussen, *laùkan* hinaus, ved. *lōka-s* freier raum, das freie (über *ulōka-* sih Ascoli corsi p. 235 f.); lat. *lūcus*, ahd. *lōh*, welche F. 176 noch vergleicht, ligen begrifflich weiter ab.

31. ab. *mozgŭ* mark, preuss. *musgeno*, Pott beitr. VI, 114, skr. *mag̑g̑an-* m., *mag̑g̑ā, mag̑gas* n., abaktr. *mazga-vañt-* mark-

reich (as. *marg* gehört wol zu abaktr. *merezu* mark, Pauli ben. d. körperteile 25).

32. ab. *mudŭ* langsam, skr. *manda-* langsam, voc. I, 177.

33. ab. *ovŭ* jener, abaktr. apers. *ava-* jener weist auf das fernere, wärend *ima-* auf das nähere geht (Spiegel keilinschr. 174); ab. *ovŭ* lässt dise verwendung nicht mer deutlich erkennen, wol aber poln. *ow* als gegensatz von *ten*; flectiert findet sich das pron. in keiner anderen sprache.

34. lit. *páskui* praep. nach, *paskùi* adv. nachher, *paskutinis* der letzte, skr. *paçḱa-* der hintere, *paçḱā* hinten, nachher, *paçḱāt*, von hinten, hinterher, apers. *paçā* hinter, *paçāva* nachher, abaktr. *paçkāṭ, paçḱa*, F. 122; lat. *post* ist auf keinen fall, wie Fick will = *paçḱāt*, vilmer aus *postid* (-ea) entstanden, der zu grunde ligende stamm *posti-* könnte allerdings aus *posc-ti-* entstanden sein (vgl. *pos(c)tulare*), doch ist der guttural auf italischem gebiete noch nirgends erwisen und bis auf weiteres *pos-ti-*, osk. *pos-mom* nur mit dem ersten teile des skr. *paç-ḱa-* zu verbinden.

35. lit. *paútas* ei, hode, skr. *pō-ta-s* tierjunges, F. 127.

36. ab. *pěna*, preuss. *spoayno*, skr. *phēna-s* schaum, M., F. 217.

37. ab. *pěsŭkŭ* sand (lit. *péska* sand, nur südl. vom Memel gebräuchlich, scheint also aus poln. *piasek* entlehnt zu sein), skr. *pãsu-, pãçu-*, abaktr. *pãçnu-* staub.

38. lit. *pětus* pl. t. mittagszeit, mittagsmalzeit, abaktr. *arém--pitu-, ra-pithwa* mittag, skr. *pitu-s* narung, F. 124, abulg. *pitati* ernären, *pišta* speise.

39. ab. *pišą, pĭsati* schreiben (preuss. *peisāton* scriptum slawisches lehnwort), apers. *ni-pis* schreiben, *nij-apisam* ich schrib, M., in diser bedeutung findet sich die wurzel sonst nirgends.

40. ab. *prĭ-vŭ* der erste, apers. *par-uva* der frühere, abaktr. *paourva-*, skr. *pūr-va-* der frühere, vordere.

41. ab. *radi*, praep. c. gen., wegen, apers. *avahja-rādij* deswegen, Kuhn ztschr. VI, 390; Ebel beitr. I, 426.

42. ab. *ratĭ* kampf, *retĭ* streit, skr. *r̥ti-s* angriff, streit, abaktr. *paiti-ereti-* angriff, F. 16.

43. ab. *sąkŭ* surculus, skr. *çaṅku-s* stamm, pfal, M.

44. *sivŭ*, preuss. *synan* grau, lit. *szývas* weiss, schimmelig, skr. *çjāva-* dunkelfarbig, abaktr. *çjāva-* schwarz, Bopp gl., F. 47.

45. lit. *skaitýti* zälen, lesen, ab. *čĭtą̆, čisti* zälen, lesen, beobachten, eren, skr. *ḱit, ḱikētti* warnemen, acht haben; anord. *heiðr* ere, welches F. 206 noch vergleicht, scheint von *heiðr* serenus nicht zu trennen, über letzteres s. voc. I, 97.

46. lit. *sù* mit, preuss. *sen*, ab. *są-, su-, sŭ*, abaktr. *hăm, hém-*, skr. *sam*; nur in disen sprachen ist urspr. *sam* als selbständiges wort und in zusammensetzung mit verben erhalten, ableitungen der grundform *sama-* u. a. finden sich in allen sprachen.

47. ab. *suka* hündin, med. σκάκα τὴν κύνα καλέουσι Μῆδοι, Herod. I, 110, abaktr. *çpaka-* hundartig, F. 51.

48. ab. *svętŭ*, lit. *szvéntas*, abaktr. *çpeñta-* heilig.

49. lit. *szakà* zweig, skr. *çākhā*.

50. ab. *taj* adv. heimlich, abaktr. *taja-* adj. heimlich, verborgen, *tāja-* diebstal, skr. abaktr. *tāju-* dieb, M.

51. russ. *taskatĭ* ziehen, schleppen, skr. *task-ara-s* räuber, dieb, Bollensen ztschr. d. d. m. g. XXII, 633.

52. ab. *teką̆, tešti* laufen, fliessen, lit. *tekù, teké'ti*, fliessen, laufen, aufgehen v. d. sonne, skr. *tak-ati* schiessen, stürzen, besonders vom fluge des vogels, abaktr. *taḱ* laufen, eilen, fliessen, Bopp vgl. gr. I², 77, F. 73 (die wz. noch in ταχύς = skr. *taku-s* s. 64.).

53. ab. *tlŭkŭ* erklärung, dolmetscher, skr. *tarka-s* vermutung, erwägung, speculation, Mikl. wzn. d. altsl., Wiener denkschr. VIII, 172; Förstemann Germania XV, 401 teilt *tlŭ-kŭ* und vergleicht an. *thula* rede, gedicht.

54. ab. *tŭštĭ* ler, skr. *tukḱhja-* ler, öde, nichtig.

55. lit. *vedù, vèsti* füren, heiraten vom manne, *vedýs* freier, bräutigam, preuss. *weddē* er fürte, inf. *west*, ab. *vedą̆, vesti* füren, heiraten, *ne-vèsta* braut (dazu das activum lit. *nevédęs* unverheiratet), abaktr. *upa-vādhajaēta* er möge heiraten, *vādhajēiti* er fürt, *vadhrja-* heiratsfähig, skr. *vadhū-* braut, junge ehefrau, *vàdhūju-* heiratslustig, *vadhūmant-* mit

4

zugtieren bespannt, zum ziehen tauglich, F. 179; das von im verglichene *ἠΐϑεος* junggeselle verbindet Roth ztschr. XIX, 223 f. mit *viduus*, skr. *vidhava-*; engl. *wed* heiraten, welches Mixl. lex. s. v. *nevěsta* vergleicht, hat anderen ursprung, sih Pott e. f. II², 250, Curtius no. 301.

56. lit. *vějas* wind, abaktr. *vaja-* m. luft (abaktr. *vaju-s*, skr. *vāju-s*) F. 188.

57. lit. *věszpatis* herr, preuss. *waispattin* acc. hausfrau, abaktr. *vīçpaiti-*, skr. *viçpati-* hausherr, gemeindehaupt, F. 189.

58. lit. *vìsas*, ab. *vĭsĭ*, in manchen casus ligt aber *vĭsŭ* zu grunde, s. Mikl. vgl. gr. III, § 85, Leskien handb. § 66, apers. *viça-*, abaktr. *vīçpa-*, skr. *viçva-* all, jeder.

59. ab. *vraska* runzel, nslov. *vrêsk-noti* rumpi, skr. *vrçk ati* abhauen, zerschneiden, M., F. 192.

60. lit. *žádas* sprache, rede, *žódis* wort, *žaděti* versprechen, skr. *gad-ati* sprechen, *gada-s* rede, spruch, F. 55.

61. ab. *zovą̨*, *zŭvati* rufen, skr. *hav-atē*, abaktr. *zav-aiti,* Bopp gl., F. 71.

III. Worte, welche bisher nur in deň deutschen und arischen sprachen nachgewisen sind.

1. as. *avuh*, ahd. *abuh*, *abah* abgewant, verkert, böse, skr. *apāńḱ-*, *apāḱ* rückwärts gelegen.

2. got. *afar* hinter, nach, skr. abaktr. apers. *apara-* der hintere; das von Benfey wzlex. I, 129, Curtius no. 330 dazu gestellte *ἤπερο-* in *ἤπερ-οπεύω* betrüge (rede anders) stimmt in der quantität des ersten vocals nicht.

3. got. *aigan* haben, skr. *īç* zu eigen haben, herrschen, Bopp gl.

4. got. *andeis*, skr. *anta-s* ende.

5. as. *driogan*, ahd. *triogan*, abaktr. *druǵ*, *druž-aiti*, apers. *duruǵ* lügen (skr. *druh* schaden zufügen ligt begrifflich ab).

6. an. *eisa* einher stürmen, skr. *īš-atē* enteilen, fliehen, anfallen, *ēš-ati* schleichen, gleiten, F. 23.

7. ahd. *elo, elawēr* gelb, lohbraun, skr. *aru-ṇa-, aru-ša-* rötlich, F. 14 (*ārū-* lohfarben nur bei Uġġvalad.).

8. as. *ēu, ēo* m., ahd. *ēwa* f. gesetz, herkommen, skr. *ēva-s* gang, pl. handlungsweise, gewonheit, F. 26.

9. as. ahd. *grīs* grau, greis, abaktr. *zareš-jañt-* alternd, F. 70.

10. got. *hairus* schwert, skr. *çaru-s* waffe, pfeil, donnerkeil.

11. mhd. *scherz, scherzen, schirzen* scherzen, lustig springen, skr. *kūrd-ati* springen, hüpfen, F. 205(? das wort ist erst nachvedisch).

12. ahd. *senwa, senawa*, sene, bogensene, skr. *snāva-s* sene, muskel, abaktr. *çnāv-ja-* aus senen bestehend, F. 214.

13. demonstr. pron. stamm *sja-*, got. *si*, skr. *sja, sjā*, abaktr. *hja-ṭ*.

14. an. *torf* torf, ags. *turf* torf, rasen, skr. *darbha-s* grasbüschel, buschgras, Justi liter. centralbl. 1871, 436; F. 1062.

15. ahd. *wunsc*, skr. *vāńḱhā* wunsch, *vāńḱhati* wünscht, Bopp gl. (?), doch findet sich *vāńḱh* in der ältesten vedischen sprache noch nicht (Roth ztschr. XIX, 220), und andererseits ist die entstehung von *wunsc* aus *wunn-isc* (Grimm myth.[3] 126) nicht unmöglich.

IV. Worte, welche bisher nur in den nordeuropäischen und arischen sprachen nachgewisen sind.

1. skr. *uḱ-jati* gefallen finden an, gewont sein, ab.*pri-vyknǫti, obyknǫti* sich gewönen an, gewont werden, *vyknǫti* lernen, *učiti* leren, lit. *jùnkti* gewont werden, *jaukìnti* gewönen, got. *bi-uh-ts* gewont, beitr. VI, 147.

2. apers. *kāra* her, preuss. *karya* her, krieg, *karia-woytis* herschau, got. *harjis* her, lit. *káras* krieg, ab. *kara* streit, *karati sę* streiten, kämpfen.

3. got. *gaggan*, lit. *żèngti* schreiten, finden nur im arischen nahe verwante, mag man sie in üblicher weise mit skr. *ġań-gam*, intens. v. *gam*, *ġańgama-* beweglich, *Gańgā*

Ganges verbinden oder mit Fick 67 skr. *ǵűh* zappeln, *ǵaṅghā* unterschenkel vergleichen.

4. skr. *dhvan-ati* tönen, abaktr. *uç-dvãn* anrufen, an. *dynja*, as. *dunian* drönen, lit. *dun-d-ėti* tönen, rufen, Pott wzwtb. II, 2, 92; F. 105.

5. skr. *nādh-ita-* in not befindlich, ab. *nążda*, got. *nauths* not, voc. I, 170.

6. skr. *parǵanja-s* regenwolke, donnergott, lit. *Perkúnas*, preuss. *percunis* donner, an. *Fjörgyn*, Grimm myth.³ 156, Lottner ztschr. XI, 181; dunkel ist das verhältniss des ab. *Perunŭ* zu disen.

7. skr. *bhūrǵa-s* birkenart, ab. *brėza*, lit. *bérzas*, preuss. *berse*, ahd. *piricha* (lat. *fraxinus* darf man schwerlich mit F. 136 dazu stellen).

8. abaktr. *māzdra-* verständig, ab. *mądrŭ* verständig, got. *mundr-ei* zil, lit. *mandrùs* munter, ahd. *muntar*.

9. skr. *māsa-m*, ab. *męso*, preuss. *mensa*, lit. *mėsà*, got. *mimz* fleisch.

10. skr. *mithas* gegenseitig, wechselsweise, ab. *mitě, mitusŭ* abwechselnd, got. *misso* gegenseitig (**mith-to*) stelle ich wegen diser übereinstimmenden bedeutungen hierher; materiell verwant ist noch μετά, s. Mikl., Curt. no. 212.

11. skr. *liṅga-m* kennzeichen, got. *leik, ga-leiks*, lit. *lygùs* gleich, serb. *lik* angesicht, voc. I, 89 ff.

12. skr. *çapha-s*, abaktr. *çafa-* huf, ahd. *huof*, ab. *kop-yto, kop--ato* huf.

13. skr. *çruš* in *çruš-ti-* erhörung, villeicht auch in ved. *çrōšan, çrōšantu, çrōšamāna-*, welche aber auch aoristformen sein können, s. Benfey S. V. gloss. 186, abaktr. *çruš* hören, *çraoša-* gehorsam, abulg. *slyšati*, lit. *klausýti*, ahd. *hlosēn*, Pott, e. f. II², 587.

14. skr. *çvit, çvētatē* weiss sein, *çvēta-* weiss, ab. *svĭtěti, svitati* glänzen, leuchten, lit. *szveiczù, szveisti*, glänzend machen, putzen, *pra-szvinta* der tag bricht an, got. *hveits* weiss.

V. Griechische worte, für welche bis jetzt nur im lateinischen entsprechende oder verwante nachgewisen sind.

1. ἄβιν· ἐλάτην, οἱ δὲ πεύκην Hesych., *abies*, F.*) (ist ἄβιν etwa lateinisch *abiem*, gebildet wie *requiem*?).

2. αἰσθέσθαι, *audio*, F.(?); *audio* und *ob-oedio* weisen sicher auf älteres *avidio*, möglicher weise auf *avisdio* = ἀ(ϝ)ισθ-έσθαι, doch ist αἰσθ- erst nachhomerisch, C. no. 586.

3. ἄλγος, *algeo*, L.

4. ἀλκυών, *alcēdo* eisvogel (ahd. *alacra* mergulus, taucher), L., C. no. 6.

5. ἄλλομαι, *salio*, C. s. 500, F., die bedeutung springen hat die wurzel nur im griech. und lat.

6. ἀλφός weisser ausschlag, ἀλωφός weiss, *albus* (weitergebildet ligt es vor im abulg. *lebedĭ*, ahd. *albiz* schwan s. 42, C. no. 399; der deutsche flussname *Elbe* ist schwerlich hierher zu ziehen, vgl. an. *elfr* fluss).

7. ἀμείνων, *manus* gut, Walter ztschr. XII, 383.

8. ἀντλεῖν, *anclare* haurire, *exanclare* exhaurire, Paul. Fest. p. 11. 80, dise worte stimmen in form und bedeutung so genau überein, dass man sie nicht von einander trennen kann, s. Bugge ztschr. XX, 141, dagegen ist *anculare* ministrare ein ganz anderes, unverwantes wort; zwischen entlehnung und verwantschaft ist hier schwer zu entscheiden; vermutungen über die etymologie bei Curt. no. 236, F.

9. ἀράχνη, *aranea*, L., C. no. 489, aber Corssen I², 634 hält es unter der voraussetzung, dass eine der bisher von ἀράχνη aufgestellten etymologien richtig sei, für griech. lehnwort.

10. ἀχήν dürftig, Theokr. 16, 33, ἀχηνία mangel, Aesch. Choeph. 298 Herm., *ēgēnus*, *ēgeo*, C. no. 166, F. 422. 4.

---

*) F. one weiteren zusatz bedeutet in disem verzeichnisse Ficks graeco-italische sammlung, vergl. wörterb. 421—504.

11. βάκ-τρον, *bac-ulum,* L.

12. βάσκανος, βασκαίνω, *fascinus, fascino,* L.

13. βραχύς, *brevis,* L.

14. γαμβρός, *gener?* s. C. s. 499, Schleicher comp.[3] 218.

15. γηθέω, *gaudeo,* L.

16. γίννος maulesel, Hesych., *hinnus?* L.

17. γλάφω höle, γλαφυρός hol, glatt, *glaber* kal, glatt, L.

18. γλυκύς, *dulcis,* L., F. 457, C. no. 526.

19. γλίφω höle aus, schnitze, *glūbo* schäle, L., C. no. 134ᵇ; das von F. 358 verglichene deutsche *klieben* ist im as. und mhd. noch intransitiv: as. *klioban* bersten, es gehört also zu skr. *ġrmbhatē* gänen, sich öffnen, sich ausbreiten, über *u, iu* aus *am* sih voc. I, 166 ff.

20. γρομφάς, *scrōfa,* L.

21. γύαλον wölbung, megar. γνάλαι becher, ἐγ-γναλ-ίζω einhändigen, lat. *vola* hole hand, F. 450.

22. δασύς, *densus,* L.

23. δειρή, δέρη, aeol. δέῤῥα hals, bergrücken, *dorsum,* C. no. 267ᵇ, F.

24. δέψω, *depso* kneten, gerben, F.

25. Διώνη, *Juno;* Ζάν, Ζήν, *Jānus,* F. 457; Benfey or. occ. I, 280, Grassmann ztschr. XI, 8. 9, XVI, 161 ff.

26. ἕλκος geschwür, *ulcus,* L.

27. ἕλος niderung, Ἧλις, *vallis,* C. no. 530.

28. ἕλπω, wz. ϝελπ, *volup, volupis,* C. no. 333, F.

29. ἔνδον, *endo, indu,* L., F. 432, C. no. 263ᵇ.

30. ἐντός, *intus,* F.

31. ἔποψ, ἀπαφός, Hesych. widehopf, *upupa,* F.

32. ἐρετμός, *rēmus,* L. (mhd. *rieme* ist lat. lehnwort, Wackernagel umdeutschung[2] s. 20).

33. ἐρωδιός, *ardea,* L.

34. Ἑστία, *Vesta,* L.

35. ἐτελίς ein fisch, *attilus* eine störart im Po, F. 424.

36. εὔληρα, αὔληρον zügel, *(v)lōrum,* C. s. 516.

37. εὖχος, *augur* ntr., pl. *augura,* Attius trag. 624, was an

anderem orte im einzelnen begründet werden wird, vgl.
Ebel ztschr. IV, 444.

38. ἥλιος, Aurelius, C. no. 612.

39. ἧλος nagel, vallus pfal, C. no. 531.

40. ἥν sihe, ēn, F.

41. ϑήρ, ferus, L.

42. ἰάπτω, jacio, L., C. no. 623, aber Corssen I², 214; 307 stellt jacio zu διώκω.

43. ἰμαλιά· τὸ ἐπίμετρον τῶν ἀλεύρων. ἐπιγέννημα ἀλετρίδος. καὶ ἀπὸ τῶν ἀχύρων χνοῦς. Hesych., simila feinstes weizenmel, F.

44. ἰξός, viscus, viscum mistel, vogelleim, Fick 491 vergleicht noch abulg. voskŭ, deutsch wachs.

45. ἴον veilchen, viola, C. no 590.

46. ἵπτομαι, ico, L., C. no. 623.

47. κῆτος n. merungeheuer, squatu-s, squatina haifisch, F. 496.

48. κίκιννος locke, cincinnus, F.

49. κληΐς, κλείς, dor. κλαίς, κλᾴς, clāvis, F.

50. κνίσσα, nidor dampf, Corssen kr. beitr. 2, F. 449.

51. κόλαφος, alapa orfeige, F.

52. κορώνη, cornix, F., C. no. 69.

53. κορωνίς gekrümmt, kranz, corona, F., C. no. 81.

54. κοσκυλ-μάτια lederschnitzel, quisquil-iae, C. no. 114, F. 438.

55. κράνος, κράνον, κράνεια kornelkirschbaum, cornus, C. no. 51.

56. κρίκος, κίρκος, circus, circa, C. no. 81, F.

57. κρύσταλλος, crusta, L.

58. κυέω bin schwanger, ἔγ-κυος, ἐγκύουσα, in-ciens, aus *incuiens trächtig, Corssen II², 739.

59. κυρτός gekrümmt, gewölbt, cortīna rundes gefäss, kessel, wölbung, F. 441.

60. λάκος fetzen, lacer, lacinia, L., C. no. 86, F. 485.

61. λάξ mit der ferse, calx, C. no. 534, F. 438.

62. λάταξ, st. λαταγ- f. tropfen, neige im becher, latex, st. latĭc- m. flüssigkeit, F., villeicht entlehnt, altlat. war auch latex fem. Att. bei Prisc. I, p. 169, 14 H.

63. λαχαν- in λαχαίνω hacken, -graben, ligōn- hacke, karst, F.

64. λάχνη, lāna, L., C. no. 537.

65. λέγω, lego, L., C. no. 538.

66. λείβω, lībare, L., C. no. 541.

67. λεῖος, lēvis, L., C. no. 53.

68. λίτρα, libra (lat. br aus tr, s. Schleicher comp.³ 432, Ascoli ztschr. XVII, 147 ff.)

69. λοξός, luxus, L., C. no. 540.

70. μά (μὰ Δία), me (me hercle, me dius fidius) F.

71. μαλάχη, malva, aus *malgva, falls nicht, wie F. meint, skr. maruva-, maruvaka-, name verschidener pflanzen, dazu gehört; F· erklärt μαλάχη als *μαλϝακη.

72. μᾶλλον, melius, F.

73. μείρομαι erhalte anteil, mereo, C. no. 467.

74. μῆλον, dor. μᾶλον apfel, lat. mālum, L. (entlehnt?).

75. μινύρεσθαι wimmern, minurrire zwitschern, F.

76. μῖσος, μισεῖν, mis-er, maes-tus, C. s. 544.

77. μίτυλος, μύτιλος, mutilus, L., C. s. 670.

78. μόκρωνα· τὸν ὀξύν. Ἐρυθραῖοι Hesych, ἀμύσσω kratzen, verwunden, ἀμυκαλαί αἱ ἀκίδες τῶν βελῶν παρὰ τὸ ἀμύσσειν Hesych, mucro, C. s. 498, F·

79. μόρον, mōrum, brombere, maulbere, F.

80. μοχλός hebebaum, mālus, mast, F.

81. wz. μυ, ἀ-μύ-νω, moenio, munio aus *mov-inio, C. no. 451.

82. μυττός stumm Hesych, mūtus, C. no. 478, F.

83. νέμος, nemus, L., C. no. 431.

84. νεῦρον, νευρά, L., C. no. 434, formell entspricht ganz genau auch as. naru, ags. nearu eng, st. narva-.

85. νεφροί, nefrundines nieren, Corssen kr. ntr. 143 ff.; ahd. nioro weiss ich nicht damit zu vereinigen.

86. νή, ναί, nē versicherungspartikel, F.

87. ὄγδοος, octavus, F.

88. ὀμφαλός, umbilicus, ἄμβων, umbo, C. no. 403, die übrigen sprachen haben nabh- als wurzelbestandteil.

89. ὄνος, asinus, F.

90. ὄνυξ, unguis, F., die übrigen sprachen haben nakh-, naghals wurzelbestandteil.

91. ὄροβος, ervum, F.

92. ὀρφανός, ὀρφο- in ὀρφο-βόται· ὀρφανῶν ἐπίτροποι Hesych, L., C. no. 404.

93. wz. πα- in πῆ-μα, lat. pa-tior, voc. I, 94.

94. παίω, pavio, C. no. 344.

95. πάλλω, pello, pollit pila ludit, F.

96. πείθω, feido, fido, L., voc. I, 126 f.

97. πέκτω, pecto, C. no. 97.

98. πέν-ης, πεν-ία, pen-uria, C. no. 354, in diser bedeutung nur graecoitalisch.

99. πίσος, pisum erbse, C. no. 365 ᵇ.

100. πλάγος ntr. seite, gegend tab. Heracl. I, 66. 74, plăga, L.

101. πλῆθος, plebes, L.

102. ποινή, poena, C. no. 373.

103. πόλτος brei, puls, F.

104. wz. πορ, ἔπορον gab, brachte, lat. par-(t)s, por-tio, parare, L., doch sind die bedeutungsübergänge zwischen disen und anderen zu wz. par hinüberfüren gehörigen worten (Curt. no. 376. 356) so continuierlich, dass man nicht weiss, wo man abschneiden soll περάω: πόρος : πορεύω: πορίζω : ἔπορον: paro: pario, lit. periù brüte.

105. πράσον, porrum, L.

106. πτάρνυμαι, sternuo, L.

107. πυγ in πύξ, πυγμή, pugnus, pugna, C. no. 384.

108. σάος aus *σαϜο-ς, lat. sōs- in sōspes, C. no. 570, F.; die nebenform sīspes, seispitei C. J. L. I, 1110 erklärt Corssen II², 365 durch assimilation des ō an das i der zweiten silbe, dise ist aber, vollends über sp hinüber, beispillos *), vilmer werden wir von einem neutralstamme *seves- auszugehen haben, aus *seves-pes (vgl. hones-tus), ward einerseits *soves-pes, wie novem aus *nevem = ἐννέα, got. niun,

---

*) Das einzige beispil, welches Corsen II², 360 dafür anfürt, convīcium aus *convōcium ist anderer art. Erstens wissen wir nicht, ob hier wirklich *convocium und nicht vilmer *convēcium vorausgieng (vgl. ἔπος, εἰπεῖν), zweitens steht hier das ī im zweiten teile einer zusammensetzung, ist also, wenn es aus ō entstanden ist, mit illico, cognĭtus auf eine stufe zu stellen.

lit. *devyni*, ab. *devętĭ*, und weiter **souspes* (vgl. *faustus* aus **favestos* oder **favostos*), *sōspes*, andererseits **sevispes* (vgl. *tremisco* aus *tremesco* u. a. Corssen II², 281 ff.), *seispes*, *sīspes*.

109. σκίπων, σκίμπων, *scipio*, F., voc. I, 109 f. 124 f.

110 σπεύδω, *studeo*, C. s. 649.

111. σπόγγος, σφόγγος, *fungus*, L., falls *fungus* nicht griech. lehnwort ist, wie C. no. 575, Corssen I², 161 annemen.

112 στρίγξ ein nachtvogel, *strix*, L.

113. σύβας, σύβαξ, συβάλλας geil, *subare* brünstig sein, F.

114. σφίδες, *fides*, C. s. 653.

115. σχινδαλμός, σκινδαλμός splitter, schindel, *scandula*, F.

116. τέμ-ενος und *tem-plu-m*, wenn auch im suffix verschiden, bezeichnen einen graecoitalischen begriff, s. H. Nissen das templum s. 1 ff. 8.

117. τένδω, τένθω nage, *tondeo*, C. no. 237, F.

118. τίφη wasserspinne, *tipula*, L., Pauli ztschr. XVIII, 30.

119. τύρβη, turba, L.

120. τύρσις, τύρρις *turris*, L.

121. ὕλη, *silva*, L.

122. ὕραξ, *sorex*, L.

123. ὕρχη irdenes gefäss, *urceus*, F. 431, C. no. 510.

124. φορβή, *herba*, L., C. no. 411.

125. φρίσσω, *frīgus*, *frīgēre*, L., F. 474.

126. φώρ, *fūr*, L.

127. χαμός· καμπύλος Hesych, *hāmus*, haken, F., C. no. 184.

128. χειά, hom. χειή loch, höle, *fovea*, Fröhde ztschr. XVIII, 160.

129. χείρ, altlat. *hir*, *ir* indecl. hölung der hand? s. Corssen I², 472.

130. χελιδών, *hirundo*, L.

131. χήρ igel, *ēr*, *hēr-inaceus*, L., C. no. 191.

132. ψηλαφᾶν, *palpare*, C. s. 682.

VI. Worte und wurzeln, welche bisher nur im griechischen und arischen nachgewisen sind.

1. ἄγος schuld, scheu, skr. *āgas-* ärgerniss, vergehen, C. no. 116, F. 19.

2. ἄγρα, abaktr. *azra* f. jagd, C. no. 117, F. 4.

3. ἀδρός dicht, derb, skr. *sāndra-* dicht, dick, F. 197.

4. ἀθήρ hachel, lanzenspitze, ved. *athari-* oder *atharī* lanzenspitze, Böhtl.- Roth, F. 7.

5. ἄκων (ἀκοντ-) wurfspiess, skr. *açan-* schleuderstein, C. no. 2, F. 1.

6. ἀλέξω abweren, beistehen, skr. *rakšāmi* beschützen, erretten, C. no. 581, F. 163.

7. ἄνθος keim, blume, ved. *andhas-* kraut, B.-R., C. no. 304, F. 9.

8. ἀρβόν διεστός. ἀραιόν. ἐλαφρόν; ἀρβάκις· ὀλιγάκις, Hesych., ved. *arbha-* klein, unbedeutend, F. 16.

9. ἀρετή tüchtigkeit, abaktr. *erethé* rechtlichkeit, C. no. 488, F. 14.

10. ἄρσην, ion. ἔρσην, att. ἄρρην männlich, abaktr. *aršan-* mann, männchen, C. no. 491, F. 17.

11. ἄστυ, skr. *vāstu-* hofstatt, haus, C. no. 206, F. 189; ahd. *wist* aufenthalt, wonort, wesen ist speciell deutsche neubildung zu *wesan* wie die zalreichen abstracta auf *-ti-*.

12. ἄφενος, ἄφνος reichtum, ved. *apnas-* ertrag, besitz, C. s. 464, F. 11, doch findet sich mit verwantem suffixe auch anord. *efni* n. materia, causa, opportunitas.

13. ἀφρός schaum, sk. *abhra-m* gewitterwolke. A. Weber Vāg. S. spec. I, 18; F. 11.

14. βαθύς, βάθος, βένθος, skr. *gāh* sich tauchen in, sich vertiefen in, C. no. 635, prakr. *bāh* Lassen inst. pr. 203.

15. γέρας ere, erengeschenk, abaktr. *garaṅh-*, nom. *garō*, ererbietung, C. s. 434, F. 60.

16. γέρων, skr. *g̣arant-* alt, gebrechlich, C. no. 130, F. 60.

17. γῆρας, γερασ- alter in γερα(σ)ιός alt, skr. *g̣aras-* alter, C. no. 130, F. 60.

18. δαίω teile, skr. *daj, dajatē* teilen, erteilen, C. no. 256, F. 91.

19. δαίω zünde an, δεδαυμένος angebrannt, skr. *dunōmi* brenne, C. no. 258, F. 94; die von letzterem verglichenen abulg. *daviti* ersticken, lit. *dóvyti* quälen gehören zu got. *afdauiths* ermattet, θανεῖν (verf. z. gesch. d. indog. voc. I, 165); as. *tiono* übeltat, *gitiunean* schaden tun können allerdings wurzelverwant sein, aber auch zu δεύομαι oder sonst wohin gehören; die sinnliche bedeutung 'brennen' findet sich nur im skr. und griech.

20. δέδαεν lerte, δεδαώς gelert, kundig, δαῆναι lernen, abaktr., apers. *dā* wissen, kennen, abaktr. *daṅh* leren, *dīdaṅhē* ich ward belert, C. no. 255ᶜ, F. 90, dessen weitere vergleichungen: got. *ungatass* unordentlich, mhd. *zësem* ununterbrochene reihe, begrifflich abseits ligen.

21. δέω, δίδημι binde, διά-δημα kopfbinde, skr. *dā, djāmi* binde, *dāman-* band, C. no. 264, F. 91. 92.

22. δῆνεα ratschlüsse, gedanken, anschläge, skr. *dãsas-* wunderbare tat, wunderkraft, abaktr. *-daṅhaṅh-* weisheit, geschicklichkeit, F. 87.

23. δοχμός schief, schräg, skr. *ǵihma-* schief, schräg, Bugge ztschr. XIX, 422, F. 86.

24. δρυμός wald, skr. *druma-s* baum, C. no. 275, F. 97.

25. ἐγείρω wecke, ἐγρήγορα bin wach, skr. *ǵāgarti* wachen, abaktr. *gar* wachen, C. no. 139, F. 59.

26. ἑκών, skr. *uçant-* willig, gern, abaktr. *an-uçant-* widerwillig, ἀέκων, C. no. 19, F. 177; die wz. skr. abaktr. *vaç* ist noch in keiner anderen sprache zweifellos nachgewisen, denn für lat. *invītus* bieten sich zwei andere möglichkeiten der erklärung: es kann zu skr. *vīta-* beliebt gestellt werden, F. 191, oder zu preuss. *quoitē* er will, *quaits* wille, F. 1060, so dass die herleitung aus *invictus* nicht als sicher gelten kann.

27. ἔλυτρον hülle, skr. *varutra-m* überwurf, mantel, Pott. e. f. I¹, 224, F. 182.

28. Ἐρινύς, skr. *Saraṇjū-s,* Kuhn ztschr. I, 454, C. no. 495.

29. ἔριφος junger bock, sk. ṛšabha-s stier, aǵa-ršabha-s bock.
30. Ἑρμείας, skr. Sārameja-s, Kuhn Haupts ztschr. VI, 128.
31. ἔρση tau, skr. varša-s regen, C. no. 497, F. 184.
32. ἔρχομαι, sk. ṛkk'hati angreifen, erlangen, zu teil werden, abhi-arḱhati zu jemand kommen, heimsuchen, Benfey wrzlex. I, 63, C. s. 654, F. 17.
33. ἐτεός, skr. satja-, abaktr. haithja- wirklich, warhaft, C. no. 208, F. 193.
34. εὐρύς, skr. uru-s, abaktr. uru-, vouru- in compp. weit, breit, C. no. 499, F. 182.
35. ἕως, τέως, hom. ἧος, τῆος, skr. jāvat wie lange, tāvat so lange, C. s. 544, F. 81.
36. ἧμος, τῆμος, skr. jasmāt, tasmāt, C. s. 544, F. 81. 160.
37. ἦρα φέρειν etwas angenemes, erwünschtes darbringen, welches spuren ehemals consonantisches anlautes zeigt (Hoffmann quaest. hom. II, p. 33) und von Bekker Ϝῆρα geschriben wird, vergleicht F. 188 mit skr. vāra-s kostbares, schatz, abaktr. vāra- wunsch, gabe.
38. ἧσται, skr. āstē er sitzt, abaktr. āçtē, C. no. 568, F. 20; als verbalstamm findet sich die wurzel in keiner anderen sprache, auch die nominalbildungen, welche man ir aus dem lateinischen zuspricht āra, altlat. asa und anus sind unsicher, namentlich letzteres, welches nicht das gesäss, sondern den after bedeutet, F. 222 identificiert es daher unter vergleichung von δακτύλιος mit anus ring.
39. θέω laufe, skr. dhav, dhavatē, dhāv, dhāvati rinnen, rennen, laufen, C. no. 313, F. 100.
40. θῆλυς säugend, skr. dhāru-s saugend, C. no. 307, F. 102.
41. ἰάλλω werfen, schicken, ausstrecken, skr. ijarti sich erheben, erheben, bewegen, Kuhn ztschr. V, 195 ff., C. no. 661.
42. ἱερός kräftig, heilig, skr. išira-s frisch, kräftig, Kuhn ztschr. II, 274, C. 614.
43. ἰ-κτῖνος weihe, skr. çjēna-s falke, abaktr. çaēna- adler, greif, F. 47, voc. I, 142.
44. ἰός pfeil, skr. abaktr. išu-s, grundform *isva-s, C. s. 573, F. 22.

45. καινός, skr. *kanjā*, abaktr. *kainē* mädchen, jungfrau, skr. *kanījās-* geringer, jünger, superl. *kaništha-*, F. 31.

46. κάρχαι· καρκίνοι. Σικελοί Hesych., skr. *karka-s, karkaṭa-s* krebs, C. no. 40, F. 35.

47. κάρχαρος scharf von den zänen, scharfzänig, bissig, κάρκαροι· τραχεῖς Hesych., skr. *kàrkara-* hart, F. 35, C. no. 42ᵇ.

48. κεμπ-ός· κοῦφος, ἐλαφρός ἄνθρωπος Hesych., κοῦφος, skr. *kap-ala-* beweglich, leichtfertig, *kamp* zittern, voc. I, 115, 181.

49. κενεός, κεινός, κενός ler, skr. *çūnja-* ler, C. no. 49, F. 52.

50. Κένταυρος durch volksetymologische anlenung an ταῦρος oder κεντεῖν aus *Κένθαυρος = skr. *Gandharva-s* entstanden, Kuhn ztschr. I, 513 ff.; götternamen erfaren ja bisweilen umgestaltungen, welche in dem noch verstandenen sprachgute keine analogien finden, z. b. wird niemand an der identität von lat. *Mavors* und *Mamers* zweifeln (Corssen ztschr. II, 1 ff.), trotzdem dass der übergang von *m* in *v* dem lateinischen sonst fremd ist.

51. κῆρυξ, skr. *kāru-s* lobsänger, dichter? F. 41; Pott wzwtb. II, 2, 501 stellt κῆρυξ zu skr. wz. *kruç*.

52. κόγχη, κόγχος, skr. *çaṅkha-s* muschel, C. no. 65, F. 29.

53. κοντός stange, skr. *kunta-s* sper lanze? F. 31; *kunta-s* siht wegen des wurzelvocals aus, als ob es dem griechischen entlehnt wäre.

54. κότυλος, κοτύλη hölung, holes gefäss, skr. *katvāla-* m. hölung in der erde zur aufname des opferfeuers, *kātvāla-* m. n. die grube, welche die erde für den nördlichen altar lifert, F. 30.

55. κτάομαι erwerbe, skr. *kši, kšajati* besitzen, beherrschen, abaktr. *khši* beherrschen, vermögen, C. no. 78, F. 54.

56. κτείνω, skr. *kšan, kšanōti* verletzen, C. no. 149, F. 200.

57. wz. κτι in ἐυκτίμενος wol gebaut, κτίζω baue an, skr. *kši, kšēti, kšijati* wonen, abaktr. *khši, šaēti, skjēiti* wonen, C. no. 78, F. 54.

58. κύλιξ, skr. *kalaça-* topf, krug, schüssel? F. 39; C. no. 47 leitet es von κυ in κνέω u. s. w., lat. *calix* ist lehnwort.

59. κύμβος gefäss, becher, skr. *kumbha-s* topf, krug, abaktr. *khumba-* topf, C. no. 80, F. 45.

60. κῦρος, macht, κύριος mächtig, herr, skr. *çūra-s* held, abaktr. *çūra-* stark, her, heilig, C. no. 82, F. 46.

61. μάνδρα hürde, stall, später kloster, skr. *mandira-m* behausung, *mandurā* pferdestall, F. 148.

62. μή, skr. abaktr. apers. *mā* prohibitivnegation.

63. μυκός· ἄφωνος Hesych., skr. *mūka-* stumm, C. no. 478.

64. μύσχον· τὸ ἀνδρεῖον καὶ γυναικεῖον μόριον, Hesych., skr. *muška-s* hode, die weibliche scham, C. no. 483, F. 156.

65. νέομαι, νίσσομαι gehe, komme, skr. *nas-ē* tue mich zusammen mit einem, *sam-nas-ē* komme zu einem, C. no. 439, F. 111; got. *ganisan* genesen, gerettet werden, welches F. vergleicht, ist begrifflich mit νέομαι unvereinbar.

66. νέω schwimme, νάω, aeol. ναύω fliesse, one consonantische erweiterung findet sich die wurzel nur im skr. *snu, snāuti* fliessen, C. no. 443, F. 214.

67. νίζω, νίπτω netze, wasche, skr. *nig̍, nēnēktē, nēniktē* abwaschen, C. no. 439, F. 112, als verbum nicht weiter nachgewisen, F. vergleicht noch ags. *nicor*, ahd. *nichus* nix, wassergeist, ser ansprechend, wenn nicht anord. *Hnikarr*, Grimm myth.³ 457, entgegen stünde.

68. ὀδύσσασθαι zürnen, skr. *dviš, dvēšṭi* hassen, C. no. 290, F. 95.

69. οἶμος gang, weg, skr. *ēma-s* gang, weg, C. no. 615, F. 26.

70. οἶος, abaktr. *aēva-* einer, allein, apers. *aiva-m* eins, C. no. 445, F. 26.

71. ὄρτυξ, stamm ὀρτυκ- und ὀρτυγ-, skr. *vartakā, vartikā* wachtel, C. no. 507, F. 184.

72. ὀρχέομαι tanzen, beben (ὀρχεῖται δὲ καρδία φόβῳ, Aesch. Choeph. 165), gereizt sein, skr. *r̥ghājati, -tē* beben, beben vor leidenschaft, toben, rasen, F. 15.

73. Οὐρανός, skr. *Varuṇa-s*, C. no. 509, F. 182.

74. πάρος vor, vormals, skr. *puras* vorn, vor, C. no. 347, F. 118.

75. πέλεκυς, skr. *paraçu-s* beil, C. no. 98, F. 118.

— 64 —

76. πέρυσι, dor. πέρυτι, skr. *parut* voriges jar, C. no. 360, F. 119; das gleichbedeutende mhd. *vert* darf man nicht unmittelbar dazu stellen, denn da sich die nebenformen *vernt, vernet, vernent* finden (Gr. III, 215), so ist klar, dass *vert* aus disen verkürzt und *vernent* die älteste deutsche form ist, welche aus dem in as. *fernun jāra* im vorigen jare, lit. *pérnai* im vorigen jare, umbr. *perne* vorn erscheinenden stamme dtsch. *ferna-*, lit. *perna-* gebildet ist wie *sament, samet* aus *sama-*.

77. πιέζω, dor. πιάζω drücke, quäle, skr. *pīḍatē* gepresst sein, *pīḍajati* drücken, quälen, Pott e. f. I ¹, 248, F. 125.

78. πίων, πίειρα, πιαρός, skr. *pīvan, pīvarī, pīvara-s* feist, fett, C. no. 363, F. 125.

79. πότνια, (δέσ)ποινα, skr. *patnī* herrin, gattin, C. no. 377.

80. Προμηθεύς, skr. *pramantha-s* Kuhn herabk. d. feuers s. 17, voc. I, 118.

81. ῥέζω färbe, ῥαγεύς färber, skr. *raǵjati* sich färben, *raǵajati, rańǵajati* färben, C. no. 154, F. 163.

82. σκιά schatten, σκοιά· σκοτεινά, skr. *ḱhājā*, C. no. 112, F. 203.

83. σπέρχομαι eile, σπέρχω dränge, σπερχνός eilig heftig, skr. *sprhajati* nach etwas streben, beneiden, abaktr. *cparez* streben, C. no. 176ᵇ, F. 216.

84. στήνιον, στένιον brust, Hesych, skr. *stana-s* brust, F. 210.

85. στόμα, abaktr. *çtaman-* m. maul, C. no. 226ᵇ, F. 211.

86. ταχύς, skr. *taku-s* eilend, Grassmann ztschr. XII, 104, F. 74.

87. τέκτων, skr. *takšan-* holzarbeiter, zimmermann, C. no. 235, F. 75.

88. τέλσ-ον gränzfurche, abaktr. *karša-* furche, skr. *karš* ziehen, furchen, pflügen, *karš-ū-* furche, C. s. 444.

89. τετίημαι bin betrübt, skr. *tviš*, perf. *titvišē* aufgeregt, bestürzt sein, abaktr. *thwaēša-* m. furcht, schreckniss, F. 84.

90. Τριτο- in Τριτο-γένεια, ved. *Trita-, Tŗta-* Roth ztschr. d. d. m. g. II, 224, Benfey nachr. d. kön. ges. d. wiss. z. Göttingen 4. jan. 1868, Delbrück Curt. stud. I, 2, 133 ff.

91. ὑσμίνη schlacht, skr. *judh, judhjatē* kämpfen, abaktr. *jud, jūidhjēiti* kämpfen, C. no. 608, F. 162; Falls die von Bopp

gl. scr. und Pictet origines II, 190 verglichenen ir. *iodhna* spears, arms, *iodnach* valiant, warlike, martial, *iodhlan* a hero hierher gehören, ist dise numer zu streichen.

92. ὕστερος, skr. *uttara-s* der obere, spätere, C. no. 251ᵇ, F. 24.

93. Φλεγύας, Φλέγυς skr. *Bhṛgu-*, Kuhn herabkunft d. feuers, s. 6 ff. 21 ff.

94. φώ(τ)ς mann, skr. *bhavant-* ererbietige anrede, C. no. 317, F. 137 (?).

95. χέζω, skr. *had,. hadatē* cacare, abaktr. *zadhaṅh-* podex, C. no. 186, F. 67; wenn das gewönlich noch herzu gezogene ags. *scītan*, ahd. *scīzan* überhaupt verwant ist (vergl. lit. *szikti*), so stehen doch die arischen und griechischen wortformen einander jedes falles vil näher als beide der deutschen.

96. χίλιοι, aeol. χέλλιοι für *χεσλιοι, skr. *sa-hasra-*, abaktr. *ha-zaṅra-* tausend, F. 70, s. o. s. 22.

97. χρόνος, abaktr. *zrvan-, zrvāna-* zeit, alter, C. no. 189, F. 73.

98. ὠθέω stosse, ἐν-οσί-χθων, ἐννοσίγαιος (ἐν-ϝοσι-γαιος) erderschütterer, skr. *vadh* defectiv, aor. *avadhīt* schlagen, erschlagen, *vadhajāmi* erschlagen, abaktr. *vādhajōit* er kann zurückschlagen = ὠθέω, C. no. 324, F. 179. 188; C. vergleicht noch lat. *odi*, welches jedoch begrifflich dem von Pott verglichenen got. *hatjan* näher steht (*odi* aus *codi* wie *ubi* aus -*cubi*); F. 339 stellt *ōdi* zu as. ahd. *ando* eifer zorn, *andōn* seinen zorn auslassen.

99. ὠμός, skr. *āma-s* roh, ungekocht, C. no. 486, F. 20.

VII. Worte und wurzeln, welche bisher nur im lateinischen und arischen nachgewisen sind.

1. *cacumen*, skr. *kakud-mant-* gipfelnd, sich auftürmend, subst. m. berg, Benfey gr. wzlex. II, 324, F. 28.

2. *caesaries*, skr. *kēsara-s* mäne, s. Böhtl.-Roth.

3. *carmen*, ved. *çasman-* lied, Schweizer ztschr. I, 513. 563, Corssen kr. beitr. 406.

4. *ebrius* üppig (facite cena mihi ut ebria sit. Plaut. Casin. 3, 6, 18), trunken, skr. *ahraja-* üppig, strotzend, keck, *ahrigeil*, F. 11.

5. osk. pron. demonstr. *eḯso-*, umbr. *eso-*, skr. *ēša*, abaktr. *aēša*, Corssen I², 386.

6. *ensis*, skr. *asi-s* schwert.

7. *gli-scere* sich ausdenen, skr. *ġri, ġrajati* mit *upa* sich ausbreiten zu, *pari-ġri-* herumlaufend oder sich rings ausbreitend, s. B.-R., *ġrajas-* raum, abaktr. *zrajańh-*, apers. *darajam* see, mer.

8. *jūs*, alt *jous*, skr. *jōs* indecl. heil, wol, abatr. *jūs* gut, *jaos* rein, Kuhn ztschr. IV, 374, F. 162.

9. *Mart-*, skr. *Marut,* Grassmann ztschr. XVI, 162; vergl. jedoch Kuhn, Haupts ztschr. V, 493, Osthoff quaestt. mythol. diss. inaug. Bonnae 1869, p. 23 sq.

10. *menda*, skr. *mindā* körperlicher feler, mangel, B.-R., F. 148.

11. *mundus* schmuck, *mundus* rein, skr. *maṇḍajati* schmücken, F. 148.

12. *Neptunus*, abaktr. *napta-* feucht, *apãm napāṭ*, ved. *apām napāt* son der gewässer, Windischmann zoroastr. stud. 182, Spiegel ztschr. XIII, 372, XIX, 392, wol nicht mit Curt. 402, Grassmann ztschr. XVI, 167 aus wz. *nabh* herzuleiten.

13. *opus*, skr. *apas-* werk.

14. *Saeturnus*, skr. *Savitar-*, Schweizer ztschr. IV, 68, O. Meyer quaestt. homer. Bonnae 1868, p. 8.

15. *socius*, skr. *sakhi-* freund, abaktr. *hakhi-* genosse, F. 192.

16. *tumul-tus*, skr. *tumula-* lärmend, B.-R., F. 82.

17. *tussis*, abaktr. *tuç* husten, 3. pl. imperf. *tuçen*, F. 82.

18. *torus*, skr. *stara-s* lager, bett, Boppu. Kuhn ztschr. IV, 4, F. 211.

19. *Venus, venus-tus*, skr. *vanas-* verlangen, anhänglichkeit oder lieblichkeit, B.-R., freudigkeit, Grassmann ztschr. XVI, 178, *jaġna-vanas-* opfer liebend, *gir-vanas-* anrufung liebend, Pott. e. f. I¹, 254 f., F. 180.

20. *volva* hülle, gebärmutter, skr. *ulva-m* eihaut, gebärmutter, Pott. e. f. II¹, 273, F. 185.

VIII. Worte, welche bisher nur im griechischen, lateinischen und arischen nachgewisen sind.

1. *ἄργ-υρος*, *arg-entum*; skr. *raǵ-ata-m*, abaktr. *erez-ate-m*, das griechische wort ist wenigstens wurzelverwant, C. no. 121.

2. *μένος*, *Mener-va*, skr. *manas-*, abaktr. *manańh-* geist, C. no. 429.

3. *μένω*, *maneo,* apers. *a-mān-aja* er erwartete, abaktr. *upa-mān-ajen* sie sollen warten. Die bedeutung 'warten' hat sich aus 'denken' entwickelt wie in lit. *dingstù*, *dingti* bleiben aus *mán ding* mich dünkt (nach Nesselmann lit. wtb. 143 soll auch in diser bedeutung *dingsta* vorkommen), got. *thugkjan*, lat. *tongere*.

4. *νεύω*, *nuo*, skr. *nu*, *navatē* mit praepositionen wenden, F. 113.

IX. Worte und wurzeln, welche bisher nur im arischen, griechischen und slawolettischen nachgewisen sind.

1. skr. *alp-a-* klein, geringfügig, *ἀλαπ-αδ-νό-ς* schwach, lit. *alp-stù*, *àlp-ti* schwach, onmächtig werden, F. 17;

2. skr. abaktr. *udara-* bauch, *ὄδερος* bauch Hesych, lit. *védaras* magen, *vėdarai* eingeweide, preuss. *weders* bauch, magen, F. 24.

3. skr. *ganḍa-s* wange, *γνάϑος*, lit. *żándas* kinnbacke, F. 57.

4. skr. *guńǵ-ati* summen, brummen, *γογγύζω*, abulg. *gągnivŭ* *γογγύζων*, C. no. 136.

5. skr. *tak*, *tak-ati* schiessen, stürzen, besonders vom flug des vogels, abaktr. *tak* laufen, eilen, fliessen, abulg. *teką* *tešti*, lit. *tekù*, *tekéti* laufen, fliessen, *ταχύς* = skr. *taku-s*, F. 74.

6. skr. *dīrgha-*, abaktr. *daregha-*, *δολιχός*, abulg. *dlŭgŭ*, lit. *ilgas* lang, C. no. 167.

7. skr. *pur-*, *pura-*, *puri-* burg, statt, *πόλις*, lit. *pilis* schloss, F. 119.

8. skr. abaktr. *java-* m. getreide, gerste, lit. *javaí* getreide, ζειά spelt, C. s. 525;

9. wz. *jās* gürten, abaktr. *jāoṅh* gürten, *jāçtō* gegürtet, ζών-νυμι, ἔ-ζωσ-μαι, abulg. *po-jas-ŭ* gürtel, lit. *jŭs-mi* bin gegürtet, *jŭsta* gürtel, F. 160.

10. skr. *vareça-* har, lit. *varsà* flocke, abulg. *vlasŭ* har, λάσιος für *Fλασιος, F. 184, das zwischen vocalen erhaltene σ, welches F. und C. no. 537 bedenken erregt, findet ein analogon in μισεῖν: miser, maestus, die fútura und aoriste auf -σα, -σω hinter vocalen gar nicht zu erwähnen.

UEBER DIE LAUTGESETZE.

GEGEN DIE JUNGGRAMMATIKER.

VON

HUGO SCHUCHARDT.

BERLIN,

VERLAG VON ROBERT OPPENHEIM.

1885.

Dem Junggrammatiker

Gustav Meyer

freundnachbarlichst

zugeeignet.

A. LESKIEN, Die Declination im Slavisch-Litauischen und Germanischen. Leipzig 1876. S. XXVIII.

H. OSTHOFF₁ und K. BRUGMAN₁, Morphologische Untersuchungen auf dem Gebiete der indogermanischen Sprachen. I. Th. Leipzig 1878. Vorwort.

A. BEZZENBERGER, Besprechung der vorgenannten Schrift in den Gött. Gel. Anz. vom 21. u. 28. Mai 1879.

H. COLLITZ, desgleichen im Anz. f. d. Alt. u. d. Litt. V. Bd. Berlin 1879.

K. BRUGMAN₂ in Kuhn's Zeitschr. XXIV, 4 ff. Berlin 1879.

A. BRUCKNER im Archiv für slav. Philol. III, 240 ff. Berlin 1879.

H. PAUL₁ in Paul und Braune's Beitr. z. G. d. d. Spr. u. Lit. VI, 1 ff. Halle 1879.

H. OSTHOFF₂, Das physiologische und psychologische Moment in der sprachlichen Formenbildung. [Samml. gemeinv. wiss. Vortr. Heft 327.] Berlin 1879.

L. TOBLER₁, Über die Anwendung des Begriffes von Gesetzen auf die Sprache. [Vierteljahrsschr. f. wiss. Philos. III. Bd. Leipzig 1879.]

F. MISTELI, ·Lautgesetz und Analogie. [Zeitschr. f. Völkerpsych. u. Sprachw. XI. u. XII. Bd. Berlin 1880.]

B. DELBRUCK₁, Einleitung in das Sprachstudium. Leipzig 1880. — ₂Zweite Auflage. Leipzig 1884.

H. PAUL₂, Principien der Sprachgeschichte. Halle 1880.

L. TOBLER₂, Besprechung der vorgenannten Schrift in Behaghel's und Neumann's Literaturblatt vom April 1881.

G. I. ASCOLI, Una lettera glottologica S. 7 ff. [Rivista di filol. e d'istr. class. X. Bd. Torino 1881.]

F. D'OVIDIO, D'un recente libro di Delbrück S. 43 ff. [ebenda.]

J. SCHMIDT₁ in Kuhn's Zeitschr. XXVI, 329 ff. Berlin 1883.

Н. КРУШЕВСКІЙ, ОЧЕРКЪ НАУКИ О ЯЗЫКѢ. КАЗАНЬ 1883.

F. MASING, Lautgesetz und Analogie in der Methode der vergleichenden Sprachwissenschaft. Petersburg 1883.

W. WUNDT, Logik II, 500. 550 ff. Stuttgart 1883.

M. BLOOMFIELD, On the Probability of the Existence of Phonetic Law. [American Journal of Philology. V. Bd. Baltimore 1884.]

F. MÜLLER, Sind die Lautgesetze Naturgesetze? [Techmer's Zeitschr. I. Bd. Leipzig 1884.]

G. KÖRTING, Encyklopädie und Methodologie der romanischen Philologie II, 43 ff. Heilbronn 1884.

F. NEUMANN in der Zeitschr. f. rom. Philol. VIII, 363 f. Halle 1884.

G. CURTIUS, Zur Kritik der neuesten Sprachforschung. Leipzig 1885.

J. SCHMIDT₂, Besprechung der vorgenannten Schrift in der Deutschen Litteraturzeitung vom 7. März 1885.

K. BRUGMANN₃, Zum heutigen Stand der Sprachwissenschaft. Strassburg 1885.

B. DELBRÜCK₃, Die neueste Sprachforschung. Betrachtungen über Georg Curtius' Schrift Z. Kr. d. n. Sprachf. Leipzig 1885.

P. MERLO, Cenni sullo stato presente della grammatica ariana istorica e preistorica a proposito di un libro di G. Curtius. [Rivista di filol. e d'istr. class. XIV. Bd. Torino 1885.]

Der einzige Satz den die sog. junggrammatische Schule als ihr ausschliessliches Eigenthum betrachten darf, ist der von der ausnahmslosen Wirkung der Lautgesetze. Er tritt auch in Schriften auf welche weniger für die Adepten als für die Lehrlinge und Laien bestimmt sind, und zwar trotz des lebhaftesten dagegen erhobenen Widerspruches, ja zum Theil ohne jeden Hinweis auf ihn. Immerhin würde ich dem von gewisser Seite gemachten Vorschlag die Streitaxt bis auf Weiteres zu vergraben, bereitwillig Folge leisten, wenn sich zwei Parteien mit ganz einheitlichen Bekenntnissformeln gegenüberstünden, es also nur eines Wortes zur Kennzeichnung des eigenen Standpunktes bedürfte. Dies ist nicht der Fall: dieselbe Sache wird auf ziemlich verschiedene Weise verfochten; die Discussion bewegt sich meist nicht in strengen Geleisen, sondern verliert sich gern in Specialfragen der indogermanischen Sprachgeschichte; Manche scheinen da wo es nur eine Alternative zwischen Ja und Nein gibt, eine Vermittelung für möglich zu halten, Manche schwanken, Manche schweigen. Wiederholte gelegentliche Äusserungen stellen vielleicht gegen die Gefahr eines falschen Verdachtes nicht hinlänglich sicher, und so möge man es mir nicht verdenken dass ich meinerseits die von allem Anfang an stark empfundene Abneigung gegen das junggrammatische Princip nun endlich zum Ausdruck bringe. Das Meiste was ich sage, ist freilich schon gesagt worden, und theilweise gewiss besser; indessen hoffe ich durch schematische Kürze und Hervorhebung einiger mehr oder minder unbeachtet gebliebenen Punkte auch auf die Stellungnahme Anderer in dieser allerwichtigsten Angelegenheit einen fördernden Einfluss auszuüben. Die vorangesetzte Liste von Schriften und Stellen ist nach keinem bestimmten Grundsatz angefertigt worden; sie umfasst nur das was ich bei meiner Arbeit gerade zu Händen gehabt habe.

Die Natur des vorliegenden Satzes schliesst, wie dies von junggrammatischer Seite selbst zugestanden wird, die inductive Beweisführung aus. Die bisherigen Versuche einer deductiven aber betrachte ich als misslungen; sie leiden an starken, mannigfachen Unterschiebungen: man fasst minimale Differenzen als Nullen, Übergänge als Gegensätze, Empirisches als Apriorisches, Complicirtes als Einfaches. Dass nun bei dem deductiven Charakter der folgenden Darstellung die hie und da vorgebrachten Beispiele nur den Dienst der Veranschaulichung leisten, das zu bemerken ist vielleicht nicht überflüssig; die Widerlegung seitens der Gegner müsste sich nicht auf die einzelne Thatsache, sondern auf die allgemeine Möglichkeit beziehen.

In dem Urtheil: „die Lautgesetze wirken ausnahmslos", ruft sowohl das S u b j e c t wie das P r ä - d i c a t gewichtige Bedenken hervor.

Wenn Wundt hier ein logisches Postulat erblickt, so rührt dies daher dass er den Ausdruck „ L a u t - g e s e t z e " schon im junggrammatischen Sinne nimmt, während doch so viel gesagt sein soll wie: „was man bisher als Lautgesetze bezeichnet hat, das sind wirkliche, d. h. ausnahmslose Gesetze, im Sinne der Naturgesetze". Mehr empfiehlt sich daher die Formulirung: „der Lautwandel geht nach ausnahmslosen Gesetzen vor sich". Jene Zusammenfassung der Lautgesetze mit den Naturgesetzen, auf welche man sich zuerst soviel zu Gute that, wurde später, besonders nach der vortrefflichen, leider nicht allgemein gewürdigten Darstellung Tobler₁'s von den Führern wieder aufgegeben. Wenn Andere, wie Körting, sie noch beibehalten, so erscheint mir dies durchaus consequent; durch dieselben Umstände durch welche die Ähnlichkeit der Lautgesetze mit den Naturgesetzen, wird auch ihre Ausnahmslosigkeit hinfällig. Der Ausdruck „Lautgesetze" ist noch in einer anderen Hinsicht unzweckmässig. Obwohl ich ihn hier immer, dem allgemeinen Gebrauche folgend, von Gesetzen des Lautwandels verstehe, so kann man ihn mit gleichem oder mit grösserem Rechte auf solche des Lautbestandes beziehen. Das thut Kruszewski, und zwar spricht er diesen, den statischen Gesetzen Absolutheit zu; in Bezug auf die anderen, die dynamischen erscheinen mir seine Äusserungen nicht völlig übereinstimmend.

Das Wort „Ausnahme" drückt ein ganz äusserliches Verhältniss aus, schliesst keinen Hinweis auf die wirkenden Kräfte in sich; man macht darum überhaupt und besonders im gegebenen Falle zwischen scheinbaren und wirklichen Ausnahmen einen unbegründeten Unterschied. Die Ausnahmen von welchen bei der Ausnahmslosigkeit der Lautgesetze abgesehen werden soll, bestehen in der Kreuzung mit anderen Lautgesetzen, in der dialektischen Mischung und in der Einwirkung begrifflicher Associationen. Von diesen drei Factoren erheischt der erste für unseren Zweck keine nähere Prüfung, der zweite wird eine solche gelegentlich der örtlichen Begrenztheit finden, der dritte sofort. Er steht im Vordergrund der junggrammatischen Ausführungen, man bringt ihn geradezu in Antithese zu der lautlichen Gesetzmässigkeit, als den „psychologischen" zum „physiologischen" Factor. Die Frage nach der äusseren Beziehung, dem Rangverhältniss der beiden Factoren zueinander hat schon TOBLER₂ aufgeworfen und die Schwierigkeiten der Beantwortung mit feinstem Verständniss dargethan. Es besteht zunächst die Möglichkeit der Unterordnung: der eine Factor ist der constitutive oder normale, der andere der störende oder anomale. Man hat dann als den letzteren den psychologischen gedacht. Allein wenn man sich hierbei auf den äusseren Anschein beruft, so frägt es sich ob nicht Fälle nachzuweisen sind — TOBLER₂ weiss Nichts davon — in denen grosse analogische Gruppen durch vereinzelte Wirkungen von Lautgesetzen beeinträchtigt erscheinen. Im Spanischen und Portugiesischen gehen sämmtliche alten Participien auf -*udo* jetzt auf -*ido* aus; konnte nicht eines oder das andere aus rein lautlichem Grunde bleiben, etwa *sabudo* wegen des dem *u* verwandten *b*? Und haben nicht vielleicht wirklich solche „mechanischen" Ursachen im Verlauf dieses Processes einen retardirenden Einfluss geübt? Zu dergleichen besonderen Betrachtungen tritt nun noch das allgemeine Bedenken den Eingriff einer Art Caprice in eine feste Ordnung zuzugeben, und so werden wir von allen Seiten zu der Erkenntniss gedrängt dass Gesetzmässigkeit dem psychologischen wie dem physiologischen

Sprachprincip innewohnt, mit anderen Worten, dass beide zu coordiniren sind. Die Peripherieen ihrer Machtkreise durchschneiden sich vielfach; welches über das andere siegt, das hängt von den jedesmaligen Umständen ab. Zur vollständigen Lösung des Problems fehlt indessen noch Eines. Tobler₂ weist darauf hin dass „heterogene Kräfte sich nicht ausgleichen, ja eigentlich überhaupt einander nirgends berühren können". Es wird kaum von vornherein die Heterogenität von Kräften sich bestimmen lassen; sie ergibt sich eben erst aus der absoluten Getrenntheit ihrer Wirkungen. Der Wille vermag im eigenen Körper substantielle Veränderungen nicht zu hemmen, wohl aber Reflexbewegungen, und das erklärt sich daraus dass diese weiter nichts als mechanisch gewordene Willenshandlungen sind. Der Fall der uns beschäftigt, ist ein ähnlicher. Wo die rein physiologische Ursache einer Lautvertretung ausser Zweifel steht, als eigenthümliche Gestaltung, als natürlicher oder künstlicher Defect der Sprachwerkzeuge, da sind analogische Ausnahmen unmöglich; wo wir daher solche finden, da haben wir den Gedanken an rein physiologische Wirkungen aufzugeben. Der psychologische Charakter des einen der sich durchkreuzenden Factoren bezeugt gerade den gleichartigen Charakter des anderen; hat das etwa schon G. Curtius gemeint, wenn er Studien z. gr. u. lat. Gr. IX, 232 (1876) sagt: „Unter allen Umständen muss aber die Analogie bewirkende Macht der ihrem Einfluss unterliegenden sehr ähnlich sehen"?

So verschwimmt die Antithese vor unseren Augen, und das Problematische der äusseren Beziehung zwischen den beiden Factoren klärt sich auf, indem wir ihre innere Beziehung richtig erfassen. Mancher vorbereitende Schritt ist in dieser Richtung geschehen. Obwohl OSTHOFF[2] auf's Schroffste das physiologische und psychologische Moment in der formalen Sprachbildung gegeneinander hielt, so war doch schon in den „Morphologischen Untersuchungen" das Mitwirken „psychischer Factoren" beim Lautwandel bemerkt worden. MISTELI deckte die Widersprüche auf in die sich hierbei OSTHOFF[1] und BRUGMANN[1] verwickelt hatten, aber auch seiner Vertheilung lautgeschichtlicher Processe zwischen Physiologie und Psychologie kann ich deswegen nicht beistimmen weil sie von einem opportunistischen Gesichtspunkt aus vorgenommen ist, der dann in der Schlussbetrachtung noch stärker hervortritt. Das Schwanken der Junggrammatiker hat sich in die Darstellung von WUNDT verpflanzt, der ja von ihnen besonders belehrt worden zu sein scheint. Wenn er zuerst neben den physiologischen Bedingungen des Lautwechsels „tiefer liegende psychologische Motive, die wahrscheinlich sogar die ursprünglicheren sind", nicht verkannt wissen will, so spricht er später nur von dem Einfluss physiologischer Factoren bei den Lautveränderungen; das führt ihn dazu, nachdem er behauptet hat dass „die Sprache von Naturbedingungen nicht in wesentlich anderer Weise als andere historische Entwickelungen abhängig" sei, gleich darauf von einem „naturgesetzlichen Charakter" zu reden, dem „sich freilich die verschiedenen Gebiete des sprachlichen Lebens keineswegs in gleichem Grade fügen". Der Unterschied in der Charakterisirung welchen dabei WUNDT zwischen dem Gegenstand und der Methodik der Sprachwissenschaft macht, leuchtet mir nicht ein. Mit Erstaunen lese ich bei BRUGMANN[3] dass „unter denen die sich LESKIEN anschlossen, bis zum

Erscheinen des Curtius'schen Buches" auch die psy-
chische Natur der Lautgesetze festgestanden habe; er
hat dabei vor Allem seinen Mitarbeiter Osthoff₂ ver-
gessen, und zudem dass die von diesem in so weitem
Umfang angenommene Unfähigkeit der Sprachwerkzeuge zur Hervorbringung gewisser Laute in geringem
Umfang wirklich existirt. Ich habe es eben schon
ausgesprochen dass diejenigen Lautgesetze welche
durch die Analogie gestört werden können, psycho-
logisch bedingt sind; dies bestätigt sich nun dadurch
dass zwischen den Erscheinungen der beiden Kategorieen keine Kluft, sondern ein Übergang wahrnehm-
bar ist, der sich etwa in folgender Reihe romanischer
Beispiele andeuten lässt: *conte = comite, dunque = nunc,
treatro = theatro, eglino amano = egli amano, non grieve
ma lieve = non grave magis leve.* Es werden nicht
nur unmittelbar folgende, sondern auch entferntere
lautliche Vorstellungen anticipirt, und wiederum beruhen die Analogiebildungen zum grossen Theil nicht
bloss auf einer ideellen, sondern auf einer thatsäch-
lichen Nebeneinanderstellung von Wörtern; insofern
können wir sie als eine höhere Ordnung von Assi-
milationen auffassen. Anderseits lassen sich nicht
selten Erscheinungen bei denen durchaus keine begrifflichen Beziehungen im Spiele sind, auf ideelle
Nebeneinanderstellung zurückführen, und da können
wir von einer niedrigeren Ordnung von Analogiebildungen reden. So begünstigt die Häufigkeit gewisser Lautcomplexe die Neubildung identischer (z. B.
ié = ie in ital. *pietà*), oder die Häufigkeit eines gewissen Lautwandels wird zur Allgemeinheit. Ich habe
vor langen Jahren den Gedanken geäussert dass im
Italienischen (und im Romanischen überhaupt) *ie, uo*

= vulgärlat. *ẹ̄*, *ǭ* ursprünglich, wie noch jetzt in manchen Dialekten, an ein folgendes *i* oder *u* gebunden war: *vieni, buonu, buoni.* Zunächst würde es durch begriffliche Analogie ausgedehnt worden sein: *viene, buona,* dann aber auch ohne eine solche: *pietra, ruota,* und Formen wie *bene, bove* (Plur. *buoi), nove* (gegenüber *nuovo*) würden eben die letzten uneroberten Plätze bedeuten. Ich weiss nicht ob meine Annahme von einer r e i n l a u t l i c h e n A n a l o g i e etwas ganz Neues ist; aus BLOOMFIELD's Citat zu schliessen, scheint EASTON in einem mir nicht bekannten Artikel zu ähnlichem Ergebniss gekommen zu sein. Ich bin jedenfalls weit davon entfernt einen neuen Gegensatz aufzustellen, nachdem ich die Überzeugung von der Unhaltbarkeit des früheren gewonnen habe; es wird sich innerhalb der Gesammtheit der Analogieerscheinungen die Thätigkeit begrifflicher Associationen kaum mit Sicherheit begrenzen lassen. In den Sprachen in welchen jetzt alle Wörter auf der ersten Silbe betont sind, war es ursprünglich nur die Mehrzahl, insofern die erste Silbe auch die bedeutungsvollste war; hat nun die Mehrzahl in Bausch und Bogen auf die Minderzahl gewirkt, oder hat der Fortschritt ganz allmählich, immer nur zwischen begrifflich verwandten Wörtern stattgefunden? Zuweilen ist die begriffliche Beziehung eine so allgemeine dass man sie leicht übersieht; Manche pflegen z. B. die mehreren Sprachen gemeinsame Verwandlung jedes tönenden Auslautes in den entsprechenden tonlosen als ein reines Lautgesetz zu betrachten, während es als solches nur vor tonlosem Anlaut gelten kann, und die Verallgemeinerung auf der Bedeutungsidentität beruht. Über das Einzelne mögen Zweifel noch obwalten; aber im Ganzen sollte

man doch die Einheitlichkeit des Sprachlebens zugeben, es sich nicht als den Widerstreit eines Ormuzd
und Ahriman vorstellen. Wenn ein Naturforscher zum ersten Mal von der
Ausnahmslosigkeit der Lautgesetze hört, so wird er
wahrscheinlich an immer und überall geltende Lautgesetze denken. Solche sind ja bei den gleichen Grund-
bedingungen aller Sprachthätigkeit nicht nur möglich,
man sollte sie geradezu erwarten. Warum hält der
Lautwandel nicht wenigstens im grossen Ganzen dieselbe Richtung ein, sodass z. B. aus der Tenuis die
Media, aus dem Diphthongen der Monophthong, aber
nicht umgekehrt, entstehen kann? Verständigt man
nun jenen Laien darüber dass dergleichen allgemeine
Lautgesetze noch nicht entdeckt sind, dass vielmehr
allen bisher ermittelten Lautgesetzen eine verhältnissmässig enge räumliche und zeitliche Begrenztheit
eignet, so wird er hier jene absolute Nothwendigkeit
vermissen welche stets als Voraussetzung ausnahms-
loser Gesetze erscheint. Die räumliche und zeitliche
Relativität der Lautgesetze ist nicht einmal eine einfache, sondern eine complicirte. Wenn z. B. innerhalb
A und B das Gesetz $(r)^a$, innerhalb C und $D : (r)^b$,
anderseits innerhalb $A : (s)^a$, innerhalb B und $C : (s)^b$,
innerhalb $D : (s)^c$ herrscht, so umschliessen sich die
Grenzlinien der Lautgesetze für die beiden verschiedenen Elemente nicht nur, sie schneiden sich auch;
die Beziehung der Lautgesetze zu ihrer äusseren
Ausdehnung trägt den Charakter einer wechseln-
den und zufälligen. In der That liegt hier die schwächste
Position der Junggrammatiker, hier sind sie am Ener-
gischsten angegriffen worden, hier wird ihre Abwehr
zum langsamen Rückzug.

„Die Lautgesetze wirken ausnahmslos i n n e r h a l b
d e s s e l b e n D i a l e k t e s." In dem Ausdruck „ein
und derselbe Dialekt" steckt eine Unklarheit; wir
wissen nicht ob wir ihn a priori oder a posteriori zu
fassen haben (ob wir z. B. sagen sollen: „im Dialekt
von Neapel, in dem von Rom, in dem von Florenz u. s. w.
ist lat. k vor e und i zu $\dot{c}$ geworden" oder: „$\dot{c} = k^{\,e,\,i}$
herrscht in der Sprache von ganz Süd- und Mittel-
italien"). Das Letztere empfiehlt der damit verbundene
Ausdruck „ein und dieselbe Periode", welcher nur so
genommen werden kann; das Erstere aber die prin-
cipielle Erwägung, und so pflegt man denn in der That
hier unter „Dialekt" eine ganz einheitliche Sprach-
gemeinschaft zu verstehen. Allein gibt es die? Selbst
DELBRÜCK steigt, um eine wirkliche Einheitlichkeit
zu finden, innerhalb deren die Ausnahmslosigkeit der
Lautgesetze gelte, zur Individualsprache herab und
zwar zu deren Momentandurchschnitt. Ob diese Beschränkung des junggrammatischen Satzes nicht eigentlich ihn aufhebt, oder wenigstens seinen praktischen
Werth, das will ich nicht weiter untersuchen (TOBLER₁

schon hatte gesagt: „je enger die Kreise werden, um
so mehr nähern sie sich dem Individuellen, welches
niemals von Gesetzen erschöpft werden kann"); mir
aber geschieht nicht einmal damit genüge, mir scheint
nicht einmal in diesem Falle nothwendige Einheitlichkeit erweislich. So weit directe Beobachtung an uns
selbst oder an Anderen reicht, ist die Aussprache des
Individuums von Schwankungen nie frei, worunter
ich natürlich keine in strenger Gemässheit der Zeit-
folge auftretenden Veränderungen begreife. Mit dieser
endlosen Sprachspaltung geht endlose Sprachmischung
Hand in Hand. Die Beeinflussung des einen Dialektes

durch den anderen, welche den Junggrammatikern
zufolge eine Störung der ausnahmslosen Lautgesetze
bewirkt, und die Ausgleichung der Individualsprachen,
welche denselben Junggrammatikern zufolge ausnahmslose Lautgesetze erst ermöglicht, diese Processe von
conträrer Wirkung sind im Wesen gleich, sie sind nur
verschiedene Mischungsstufen. Man sieht aber nicht
ein warum sich aus dem beständigen Widerstreit der
centrifugalen und der centripetalen Kraft ein so voll-
ständiger Ausgleich ergeben sollte dass keine Differenzen übrig blieben. Ganz minimale werden allerdings von den Junggrammatikern zugestanden, aber
nicht in Rechnung gebracht, und damit wird in meh-
rerer Hinsicht ein starker Fehler begangen. Zunächst
steht die Existenz auch noch so kleiner Differenzen
der Unmöglichkeit von Differenzen entgegen, und diese
wird hier gefordert. Denn der junggrammatische Satz
bedeutet doch nicht dass die Lautgesetze thatsächlich
— etwa die einen aus diesem, die anderen aus jenem
Grunde — keine Ausnahmen haben, sondern dass sie
der Natur der Sache nach keine haben können. PAUL2
entfernt sich betreffs dieses Punktes von der strengen
Observanz; er sagt es sei nicht schwer „die Nothwendigkeit dieser Consequenz [d. h. der der Lautgesetze]
darzuthun oder, genauer genommen, allerdings nur die
Einschränkung der Abweichungen von solcher Consequenz auf so enge Grenzen dass unser Unterschei-
dungsvermögen nicht mehr ausreicht". Das hier
Gleichgesetzte ist für mich etwas durchaus Verschie-
denes; „Lautgesetze die sich beinahe mit der Consequenz von Naturkräften geltend machen" hat ja
auch G. CURTIUS (Grundzüge 5 81) eingeräumt. Sehen
wir davon ab dass die Annahme von der Unmerk-

lichkeit der Differenzen lediglich eine subjective; zieht
man denn nicht auch sonst bei der Erörterung der
sprachgeschichtlichen Principien das unendlich Kleine
in Rechnung? Man wird antworten: ja, insofern eine
Cumulation desselben statt findet. Nun gut, hier
haben wir uns von einer entsprechenden Wahrnehmung
bestimmen zu lassen. Die minimalen Differenzen um
die sich der Streit dreht, stellen nur die unterste von
verschiedenen Reihen immer stärkerer Differenzen
zwischen immer grösseren Sprachgenossenschaften dar,
und diese Verbindung verleiht ihnen einen reellen
Werth. Auch PAUL₂ betont dass „Artunterschiede
und individuelle Unterschiede nicht dem Wesen, sondern nur dem Grade nach verschieden sind", und so
hat denn Alles was von dem Verhältniss zwischen
Dialekten irgend welcher Stufe gilt, auch von dem
zwischen Individualsprachen zu gelten, natürlich in
höchster Beschränkung oder höchster Steigerung. Besonders noch in folgender Hinsicht. Ein Lautwandel
findet sich oft über ein sehr weites Gebiet hin, d. h.
in einer Reihe zusammenhängender Dialekte; hat er
sich in jedem von diesen spontan ausgebildet? Nein,
sondern er hat sich, wie wir in vielen Fällen geschicht-
lich verfolgen können, strahlenförmig von einem Punkte
ausgebreitet. Warum soll nun ein Lautwandel in jeder
der Individualsprachen welche einen Dialekt aus-
machen, spontan entstanden sein? Wiederum ist es
PAUL₂ welcher hier restringirt; nicht allen Individuen
einer Gruppe, nur der Majorität weist er die Spon-
taneität zu. Wenn er für andere Sprachveränderungen
diese Majorität zwar als das Regelmässige, doch nicht
als das schlechterdings Nothwendige betrachtet, so
weiss ich nicht warum man in Bezug auf den Laut-

wandel nicht ebensoweit gehen sollte. So sagt auch DELBRÜCK[12] „dass die Veränderungen in der Aussprache bei dem Einzelnen beginnen und sich von da zu den Mehreren und den Vielen durch Nachahmung von Seiten dieser fortpflanzen". MERLO stellt die Möglichkeit individueller Initiative sehr schlagend dar. Es kann nun, den Junggrammatikern zufolge, zwischen den einzelnen Gliedern einer Verkehrsgenossenschaft nur hinsichtlich des Tempos in welchem der Lautwandel sich vollzieht, eine Verschiedenheit existiren; niemals soll ein „klaffender Gegensatz" hervortreten. „Als deutlich ausgeprägter und somit auch zum Bewusstsein kommender Gegensatz", sagt BRUGMANN[3], „können Altes und Neues nur so nebeneinander bestehen dass sie durch verschiedene Sprachgenossenschaften vertreten werden, zwischen denen der Verkehr viel weniger intensiv ist als innerhalb jeder einzelnen." Wie vereinigt sich damit BRUGMANN[2]'s frühere Annahme von Mutter- und Tochterformen innerhalb desselben Dialektes, ja bei denselben Individuen? Das Alte und Neue erscheint aber innerhalb eines Dialektes nicht bloss nach dem Alter, sondern auch nach Geschlecht, Bildung, Temperament, kurz in der verschiedenartigsten Weise vertheilt. Rücksichtlich der Art und Weise wie sich ein Lautwandel von Individuum auf Individuum, von Genossenschaft auf Genossenschaft überträgt, scheint auch die Auffassung ziemlich auseinander zu gehen. Ich gestehe dass ich hier keineswegs das ausschliessliche Spiel unbewusster Thätigkeit erblicke; wenn ich mit F. MÜLLER die Lautgesetze nicht schlechtweg mit den Gesetzen der Modetrachten vergleichen will, so scheinen sie mir doch in grossem Umfang Sache der Mode, d. h. der

bewussten oder doch halbbewussten Nachahmung zu
sein. Da SCHMIDT$_2$ der Meinung ist „es herrsche,
F. MÜLLER ausgenommen, allgemeines Einverständniss
darüber dass sämmtliche Lautveränderungen sich ohne
Bewusstsein der Sprechenden vollziehen, keine Moden
sind, welche der Einzelne nach Belieben mitmachen
oder ablehnen kann", so stehen hier einige gegen-
theilige Zeugnisse. TH. BENFEY sagt (Gött. Nachr. 1877
S. 556): „diese Aussprache fing an Autorität zu erlangen, für richtig und schön zu gelten und ward in
Folge davon auch von Individuen und Complexen angenommen denen die Nöthigung welche sie herbei-
geführt hatte, ganz fremd gewesen sein konnte",
nimmt jedoch an (S. 557) „dass die Sprechenden
von der Umwandelung gar kein Bewusstsein hatten";
BEZZENBERGER: „der Lautwandel kann sich auch mit
Bewusstsein entwickeln" — „nach der Aussprache
jenes einen oder jener wenigen richten sich aus Grün-
den des Geschmacks mehrere"; COLLITZ: „die lautliche Umwandelung gefällt denen welchen sie auf-
gefallen ist, sie wird Mode, sei es dass man ihr aus
Bequemlichkeit, aus ästhetischen Rücksichten oder aus
irgend einem anderen Grunde folgt; aber man folgt ihr
nicht unbewusst"; DELBRÜCK$_{12}$ führt neben der Bequemlichkeit auch den ästhetischen Trieb als Grund
des Lautwandels an, er erwähnt ($_2$) eine gewisse Art
zu sprechen, welche sich verbreite, „weil es so Mode
ist und gefällt", sieht aber als unzweifelhaft an „dass
alle (oder doch fast alle) diese Akte unbewusst vollzogen werden", und dieser unbewusste Vollzug wird
wiederum von ihm ($_3$) unter den Argumenten zu Gunsten
der Gesetzmässigkeit des Lautwandels vorgebracht.
Ich werde daher wohl nicht fehl gehen, wenn ich mit

dem Antheil den das Bewusstsein meines Erachtens
am Lautwandel hat, die Ausnahmslosigkeit der Lautgesetze für unvereinbar halte. Welchen Einfluss übt
nicht die Schule selbst da wo der öffentliche Unter-
richt die bescheidenste Rolle spielt? Wie weit ver-
breitet ist nicht unter den Ungebildeten das Bedürfniss
gebildet, unter den Provincialen das hauptstädtisch
zu reden? Rückt nicht im Militärschritt das Berliner
j für *g* immer tiefer und breiter nach Mitteldeutsch-
land vor? Dass in Frankreich und Deutschland (gut-
turales) ϱ an Stelle von (dentalem) *r* seit langer Zeit
mehr und mehr in Mode kommt, ersehen wir aus
M. TRAUTMANN's detaillirten Mittheilungen in der
Anglia III, 214 ff. (1880); vorher war gerade ϱ = *r*
von BRUGMANN₂ als Beispiel für die „blinde“, d. h.
unbewusste Wirkung der Lautgesetze erwähnt worden.
Beiläufig erlaube ich mir eine Frage: SCHMIDT₁ hat
später auch von „blind wirkenden“ Lautgesetzen gesprochen, wie kommt gerade BRUGMANN₃ dazu zu sagen
dieser Ausdruck sei ihm bisher zweideutig gewesen?
Modischer, d. h. also mehr oder weniger bewusster
oder vielleicht besser gesagt willkürlicher Lautwandel
hat vielfach Neuerungen im Gefolge; er kann fälsch-
liche Anwendung erfahren, kann selbst um eine Stufe
gesteigert werden, kann parallelen Lautwandel her-
vorrufen. Wenn endlich, wie sich ja historisch belegen
lässt, irgend eine Lauteigenthümlichkeit einer wirklich
tonangebenden Persönlichkeit, eines Fürsten, Höflings,
Schauspielers in deren Kreis freiwillig copirt oder
die eines Lehrers von diesem seinen Schülern aufge-
zwungen wird, so lässt sich auch die Möglichkeit
nicht bestreiten dass der Ursprung eines Lautwandels ein willkürlicher sei. Individueller Lautwandel

wenigstens kann ohne Weiteres ein willkürlicher sein, und aus diesem Grunde schon hilft es Nichts mit DELBRÜCK die Ausnahmslosigkeit der Lautgesetze auf die Individualsprache einzuschränken. Kurz, ich pflichte BLOOMFIELD durchaus bei, wenn er in WHITNEY's Sinn mit Bezug auf unsere Frage bemerkt: „the word »inviolable« or »infallible« in matters of grammar is always to be deprecated, if for no other reason than the one that the *conscious will* of any languageuser undeniably stands above phonetic facts". Ich füge diesem Abschnitt ein Nachwort bei. Sprachmischung nehme ich, wie gesagt, auch innerhalb der homogensten Verkehrsgenossenschaft an, PAUL₂ nur bei ethnischer Mischung, und diese sei etwas Exceptionelles. Auch gegen Letzteres lege ich Verwahrung ein. Einerseits pflegt in jedem grösseren Centrum die Bevölkerungsfluctuation eine solche zu sein dass man sie wohl als eine Mischung auch im engeren Sinne bezeichnen darf; und weit entfernt davon dass sich da „keine Differenzen entwickeln können die als solche percipirt werden", prägen abliegende Mundarten der centralen ihre deutlichen Spuren auf, ja diese verliert zuweilen auf diesem Wege vollkommen ihren ursprünglichen Charakter (wie z. B. die Volkssprache Rom's heutzutage eine toskanische ist, was sie vor einem halben Jahrtausend keineswegs war). Besonders dürfen die nicht immer sehr starken jüdischen Bruchtheile städtischer Bevölkerungen ihrem sprachlichen Einfluss nach nicht unterschätzt werden. Anderseits ist nicht einmal der Fall ein exceptioneller in welchem PAUL₂ allein Sprachmischung annimmt, nämlich „wo in Folge besonderer geschichtlicher Veranlassungen grössere Gruppen von

ihrem Wohnsitz losgelöst und mit anderen zusammen-
gewürfelt werden". Von der Bildung der romanischen
Nationen an rückwärts bis zu den ersten Anfängen
des römischen Volkes nehmen wir eine fast ununterbrochene Serie mannigfacher Mischungen wahr, deren
nicht bloss die romanische, sondern auch die lateinische
Grammatik eingedenk zu sein hat. PAUL₂ glaubt den
Ausdruck „Dialektmischung" in „Entlehnung eines
Wortes aus einem fremden Dialekt" verbessern zu müssen. Wir können uns allerdings fremde Wörter an-
eignen, aber auch die fremde Sprechweise uns ganz
geläufiger. Es ist eine bekannte Thatsache dass
Deutsche bei intensivem Verkehr mit Juden leicht in's
Jüdeln verfallen; wenn sich nun in Folge dessen die
jüdische Aussprache eines aus jüdischem Munde besonders häufig gehörten Wortes, wie etwa *Persent* =
Perzent bei einem Deutschen festsetzt, kann man da
von einem Lehnwort reden? Und ebenso wenig sind
Lehnwörter franz. *haut, gâter, goupil,* wenn sie nämlich
wirklich in ihrem Anlaut durch deutsches *hoch, wüsten,*
Wolf beeinflusst worden, also im Munde romanisirter
Germanen entstanden sind; die Anlässe dieser Vor-
gänge freilich sind dunkel, es müsste denn etwa bei
dem letzten Worte die Jagdliebhaberei der Germanen
massgebend gewesen sein (wie der Stadtrömer vielleicht sein *vulpes* und *lupus* als ganze Wörter von
irgend welchen jagdfreundlichen Italikern entlehnte).

„Die Lautgesetze wirken ausnahmslos innerhalb
derselben Periode." Es ist dies nur eine er-
gänzende Bestimmung. Innerhalb erst nachträglich
festzustellender zeitlicher Grenzen vollzieht sich ein
Lautgesetz in der ganzen Ausdehnung der Sprach-
genossenschaft und in der ganzen Ausdehnung des

Sprachmaterials. Die Richtigkeit des ersten Punktes
habe ich soeben erörtert, die des zweiten werde ich
sogleich erörtern. Hier nur ein Wort über die Uebergangsstadien im Allgemeinen. Dem Nachweis derselben, mag er nun diesen oder jenen Fall betreffen,
sucht man dadurch die Spitze abzubrechen dass man
das Gesetz von der Ausnahmslosigkeit der Lautgesetze
für die Uebergangsstadien suspendirt. Das ist durchaus unzulässig. Jedes Stadium der Sprache ist ein
Uebergangsstadium, ein jedes ebenso normal wie irgend
ein anderes; was vom Ganzen gilt, gilt auch vom Einzelnen. Ich darf mir nicht die Sprache als ein Nebeneinander von fertigen und unfertigen Lautgesetzen
denken; das hiesse in die natürliche Betrachtung
teleologische Vorstellungen einmischen. Wenn auch
ich von Uebergangsstadien rede, so nur in relativem
Sinn, nur mit Bezug auf spätere schon feststehende
Thatsachen; irgend ein gegenwärtiges Verhältniss als
Uebergangsstadium zu bezeichnen, dazu haben wir
kein Recht.

Wer meinen sollte dass bezüglich der äusseren
Ausdehnung der Lautgesetze der Unterschied zwischen
den Junggrammatikern und den Anderen mehr in der
Darstellung als in der Erkenntniss liege, selbst der
wird der folgenden Discussion über die innere
Ausdehnung der Lautgesetze die praktische Bedeutung nicht absprechen.

„Bei dem Lautwandel innerhalb desselben Dialektes werden alle einzelnen Fälle in denen die
gleichen lautlichen Bedingungen vorliegen,
gleichmässig behandelt." Hält man aber die Fälle in
denen ein Laut überhaupt auftritt, vor und frägt
welche darunter die gleichen lautlichen Bedingungen

aufweisen, also gleichmässige Behandlung, d. h. Verharren oder Veränderung in den gleichen Laut fordern, so wird die Antwort darauf ausbleiben. Da es eine Reihe von Kategorieen lautlicher Bedingungen gibt, wie Accent, Silbenstellung, Beschaffenheit des unmittelbar folgenden Lautes, des unmittelbar vorausgehenden, des zweitfolgenden u. s. w., so besteht in jedem einzelnen Falle. ein Bedingungscomplex; vergleichen wir die Bedingungscomplexe aller Fälle miteinander so zeigt sich ein jeder von dem anderen verschieden, oder wir haben Homonyme, die ja aber zur Veranschaulichung lautgesetzlicher Wirkungen am Wenigsten geeignet sind. Es kommt also nur die partielle Gleichheit der Bedingungscomplexe in Betracht; aber aus welchen und wievielen Elementen muss sie bestehen um die partielle Verschiedenheit zu überwiegen, mit welchen Hülfsmitteln haben wir die wesentlichen Bedingungen von den accidentiellen oder die Bedingungen im strengeren Sinne des Wortes von den Nebenumständen zu sondern? Man ist gezwungen einzugestehen dass die „gleichen lautlichen Bedingungen" immer erst aus jedem Lautgesetze selbst abstrahirt werden, dass ihre Verwendung als Prämisse unzulässig ist, dass sie überhaupt in der Definition von der Ausnahmslosigkeit der Lautgesetze keinen Platz haben. Wollen wir auch von der Gleichheit der lautlichen Bedingungen zwischen allen einzelnen Fällen eines Lautgesetzes reden, zwischen allen einzelnen Lautgesetzen eines Dialektes finden wir sie durchaus nicht. Wir sehen z. B. dass innerhalb der Kategorie des unmittelbar folgenden Lautes (und zwar des auf einen Vocal folgenden Consonanten) die vier Liquiden sich in dieser Weise vertheilen: nach dem

2*

einen Vocal *l*, *r*, *n* — *m*, nach dem anderen *l*, *r* — *n*, *m*, nach dem dritten *l*, *r* — *n* — *m*. Also die partielle Gleichheit erstreckt sich, über die Combinationen hinaus, auf die einzelnen Kategorieen: *n* wirkt in dem angeführten Beispiel einmal als dentale Liquida, dann als Nasal, endlich als dentaler Nasal. Nicht selten stossen wir auf Lautgesetze in denen selbst jene relative Einheitlichkeit der Bedingungen nicht nachgewiesen ist. Dergleichen wenig klaren „Lautgesetzen" lassen sich ganz klare Fälle „sporadischen Lautwandels" gegenüberstellen. Betontes *a* ist im heutigen Schriftportugiesisch nur einmal zu *o* geworden, in *fame* = *fome*. Dem Einfluss eines folgenden oder eines vorhergehenden Labialen ist nur unbetontes *a* ausgesetzt (z. B. vulgärport. *fanforrice*, *charomela*; s. J. CORNU Romania X, 340 f.); aber der Einfluss eines folgenden und der eines vorhergehenden zusammengenommen sind stark genug auch ein betontes *a* zu assimiliren, freilich nur in diesem häufigst gebrauchten Wort (nicht in *fava* u. a. — in *mama* nicht wegen der Reduplication). Ein Junggrammatiker würde freilich, ehe er soviel zugestünde, sich an ein *fomentar* oder *fomite* anklammern. Wegen eines analogen Verhältnisses vgl. franz. *buvons* für älteres *bevons*, daneben *devons*. Der Satz „gleiche Ursache, gleiche Wirkung" (wir bezeichnen als Ursachen beim combinatorischen Lautwandel was streng genommen nur permanente Bedingungen sind) lässt sich hier nicht zu Gunsten der Lehre von der Ausnahmslosigkeit der Lautgesetze heranziehen; es handelt sich ja um partiell Gleiches, in verschiedenem Masse partiell Gleiches. Der labiale Factor ist in den einzelnen Labialen nicht gleich stark vertreten, mehr z. B. in *m* als in *b*; bei

der Labialisirung des benachbarten Vocals spielen daher
eine ganze Reihe von accessorischen Bedingungen mit.
DELBRÜCK₃ giebt die Existenz völlig vereinzelter Fälle
von Lautwandel zu, die also „nicht unter den Begriff
des Gesetzes fallen"; wie verträgt sich das mit dem junggrammatischen Satz dass aller Lautwandel ausnahmslosen Gesetzen unterliegt? — Wir haben bisher bei unseren Erörterungen über die Gleichheit der lautlichen Bedingungen einen bestimmten zeitlichen Durchschnitt der
Sprache angenommen, es frägt sich nun: bleiben die lautlichen Bedingungen eines Lautgesetzes, mögen sie wie
immer beschaffen sein, im Laufe der Zeiten constant?
Ich will darauf ohne Weiteres mit einem Beispiel antworten. Einem gallo-vulgärlat. *a* (klassischlat. *ă* und *ā*
vor einfachem Consonanten) entspricht neufranz. *e* (bald
offenes bald geschlossenes, doch ist dieser Unterschied
hier unwesentlich), also *chef, fève, pré, tel, mer, nez,
ème, lène = caput, faba, prato, tale, mare, naso, amat,
lana.* Der folgende Consonant erscheint hier also ganz
gleichgültig, nicht aber im Altfranzösischen (das sich
noch in der heutigen Orthographie wiederspiegelt):
chef u. s. w., jedoch *áime, láine.* Wenn nun vor *m*
und *n* *ā* durch *ai* zu *e* geworden ist, kann dies nicht
auch vor den anderen Consonanten geschehen sein?
Und wenn man ursprünglich *chaif, faive, tail, mair*
sagte, so ist wiederum für eine etwas jüngere Periode
chaif, faive, tel, mer denkbar, sodass in Beziehung auf
die Monophthonirung des aus *a* entstandenen *ai* verschiedene Bedingungsstufen vorliegen würden. An-
dernfalls müssen wir verschiedene Lautgesetze annehmen, sodass hinter der heutigen Gleichheit sich auf
jeden Fall eine Verschiedenheit birgt. Wenn nun aus
der Gegenüberstellung von Lautformenreihen die durch

einen weiten dunkeln Zeitraum voneinander getrennt
sind, ein Lautgesetz gewonnen wird, welche Bürgschaft
ist dafür vorhanden dass es sich mit diesem nicht
ähnlich verhält? Man betrachte auch eine beliebige
Gruppe verwandter Mundarten; man wird sehen wie die
Bedingungskreise der Lautgesetze sich von Ort zu Ort
mannigfach verändern, man wird hier gleichsam die
räumliche Projection zeitlicher Unterschiede erkennen.
Der Annahme von einer Reihe verschiedener Gesetze
widerspricht die Continuität und Wesenseinheit. Wie
steht es aber dann mit der Ausnahmslosigkeit der
Lautgesetze? dürfen wir die Differenzen zwischen zwei
Bedingungskreisen die gleichsam nur zeitlich-räum-
liche Varianten eines einzigen sind, nicht von diesem
oder jenem Standpunkte aus als Ausnahmen auffassen?
Diese innere Erweiterung der Lautgesetze lässt sich
bei der Annahme lautlicher Analogie leicht begreifen.
Ich habe diesen Punkt oben schon berührt, indem ich
das Vorhandensein eines Dualismus im Sprachleben
bestritt; ich habe an einem Beispiele erläutert wie ein
combinatorischer Lautwandel zu einem freien wird.
Selbst der grösste Abstand zwischen den anfänglichen
und den schliesslichen Grenzen braucht nicht zu be-
fremden, sehen wir doch auch die begriffliche Analogie oft von engstbegrenztem Gebiete aus im weitesten
Umfang wirken, wofür sich besonders in der Geschichte der romanischen Participien Belege finden.
Ich halte es sogar nicht für unmöglich dass aus einer
einzigen durch begriffliche Analogie hervorgerufenen
Lautvertauschung ein ganzes Lautgesetz erwachse. Ich
sage keineswegs dass der ursächliche Bedingungskreis
vermittelst der lautlichen Analogie auf allen Seiten
zugleich überschritten würde; der Lautwandel mag

von Aehnlichem zu Aehnlichem tastend vorrücken,
z. B. in der Verknüpfung mit einem anderen Lautwandel, wie wenn etwa ein -*ol*- = -*al*- durch -*or*-
= -*ol*- zu -*or*- = -*ar*- führt. In Gröber's Zeitschrift
V, 319 habe ich behauptet dass wo *s* in jeder Stellung
zu *h* geworden, diese Schwächung zuerst als eine com-
binatorische aufgetreten sein muss. So mag die Brücke
zwischen intervoc. *h* = *s* und anl. *h* = *s* sich in dem
nach vocalischem Auslaut anl. *h* = *s* finden lassen
(-*aha*-: -*a ha*-: -*t ha*-, also hier umgekehrt wie bei
dem erwähnten Auslautsgesetz mit Verallgemeinerung
vom tönenden auf den tonlosen Laut). Aber über diese
Metamorphose der Lautgesetze, die meines Wissens
noch nie zum Gegenstand allgemeiner Erörterung gemacht worden ist, kann ich mich hier nicht weiter
auslassen; um so nachdrücklicher soll es schliesslich
geschehen. Auch auf dem Gebiete des mechanischen
Lautwandels, um mich der junggrammatischen Termi-
nologie zu bedienen, finde ich ganz Anderes als nur
abgeschlossene in starre Formeln zu kleidende Processe, ich erblicke hier das bunte endlose Spiel un-
gezählter Triebe, aus dem Einzelnes heller und stärker
hervortritt.

Während die Junggrammatiker die Ausnahmslosigkeit der Lautgesetze von einer Gleichheit der
lautlichen Bedingungen abhängig machen wie sie meines
Erachtens überhaupt nicht besteht, halten sie die unmittelbar gegebene Verschiedenheit der Wörter dabei für gleichgültig: „bei dem Vollzug des
Lautwandels ist nun gar nicht denkbar dass in verschiedenen Wörtern verschiedene Wege eingeschlagen
werden" (BRUGMANN₃). Und zwar wird das folgendermassen begründet: „Das Bewegungsgefühl bildet sich

ja nicht für jedes einzelne Wort besonders, sondern
überall wo in der Rede die gleichen Elemente wieder-
kehren, wird ihre Erzeugung auch durch das gleiche
Bewegungsgefühl geregelt. Verschiebt sich daher das
Bewegungsgefühl durch das Aussprechen eines Ele-
mentes in irgend einem Worte, so ist diese Verschiebung auch massgebend für das nämliche Element in
einem anderen Worte" (PAUL₂). Ich halte das, wenigstens in der absoluten Form wie es behauptet wird,
für unrichtig; es übt hier PAUL das schon von mancher
Seite und soviel ich sehe gerade in dem Kapitel über
den Lautwandel auch von ihm selbst gerügte Verfahren die Betrachtung des einzelnen Lautes von der
des Wortes in dem er vorkommt, zu isoliren. Die
Veränderung eines Lautes, sein Fortschreiten in einer
bestimmten Richtung, wobei natürlich von der noth-
wendigen Wirkung rein physiologischer Veränderungen
abgesehen wird, besteht aus einer Summe der aller-
kleinsten Verschiebungen, ist also von der Zahl seiner
Wiederholungen abhängig. Wenn nun x z. B. 10000
Wiederholungen braucht um zu x^1 zu werden, so sind
doch diese Wiederholungen innerhalb der einzelnen
Wörter zu zählen; ein x in 10000 verschiedenen
Wörtern je einmal gesprochen würde nicht zu x^1 werden. Dass nun ein Wort das 10000 Mal gesprochen
worden ist, die Entwickelung des Lautes x zu x^1 in
einem erst 8000 Mal gesprochenen begünstigen mag
u. s. w., das läugne ich nicht. Die grössere oder
geringere Häufigkeit im Gebrauche der einzelnen Wörter welche ja bei den Analogiebildungen eine so her-
vorragende Rolle spielt, ist auch für ihre lautliche
Umgestaltung von hoher Wichtigkeit, nicht innerhalb
kleinerer, wohl aber innerhalb bedeutender Differenzen.

Sehr selten gebrauchte Wörter bleiben zurück, sehr
häufig gebrauchte eilen voran; von beiden Seiten
also bilden sich Ausnahmen von den Lautgesetzen.
Es ist schon eine sehr alte Erfahrung dass in allen
Sprachen gerade die allergewöhnlichsten Wörter, von
denen man doch am Ersten Gehorsam gegen die
Lautgesetze erwarten sollte, am Meisten Neigung
zeigen sich von ihnen zu emancipiren, ja in Folge
dessen der Deutung zuweilen ernstliche Schwierigkeiten
bereiten (ich erinnere an die romanischen Wörter
für „gehen“); man hat sie mit der in raschem Um-
lauf befindlichen Scheidemünze verglichen, welche bald
ihr Gepräge einbüsst. Diese treffende Beobachtung
hat man in neuerer Zeit nicht weiter verfolgt, ja
man ignorirt sie meistens. KRUSZEWSKI hat allerdings
ausdrücklich hierauf hingewiesen; aber seine Andeu-
tungen befriedigen mich doch keineswegs. Er sagt:
„Wenn *gosudar̍* zu *sudar̍* und schliesslich zu *sŭ* wird,
babuška zu *bauška, pravo* zu *pra, wasza miłość* zu
waszmość, waść, trzeba zu *trza, podobno* zu *pono,
człowiek* zu *cztek, proszę pana* zu *pšpana* u. s. w., so
müssen wir im Auge behalten dass diese Wörter in
der Mehrzahl der Fälle rasch, ohne Accent, mit Anlehnung an andere Wörter gesprochen werden.“ Alle
Sprachen liefern, besonders in Titeln und Begrüssungen,
Beispiele ähnlicher Art; ich erinnere an magy. *alá
szolgáj = alátos szolgája, tejes* oder *téns = tekintetes,*
span. *usted = vuestra merced,* vulgärdeutsch *g'Morgen*
u. s. w. In einigen Fällen liegt allerdings Enklisis
oder Proklisis vor; aber die Tonlosigkeit reicht insofern nicht zur Erklärung aus als sich in den unbe-
tonten Silben einheitlicher Wörter nicht immer die
entsprechenden Veränderungen finden. Rum. *ună* wird

zu *uă, o*; aber ein Ausfall des *n* zwischen diesen
Vocalen ist sonst auch ausserhalb des Accentes uner-
hört. In der Proklisis wird aus *casa* rom. *cas (ca)*;
aber ist etwa Synkope des vortonigen *a* lautgesetzlich?
Weiter entsteht die Frage ob nicht jene Tonlosigkeit
ebenfalls erst eine Folge des überhäufigen Gebrauches
ist. Wenn ich *g'Morgen* für *guten Morgen* sage, so
ist ja freilich das Adjectiv fast ganz um seine Bedeutung gekommen, aber doch nur in Folge der un-
endlichen Wiederholung. In nicht anderem Lichte
erscheint mir das Schicksal des lat.-rom. *ille*. Als
letzte Ursache all solcher begrifflichen und lautlichen
Schwächung muss ich nun aber die Ueberhäufigkeit
um so mehr betrachten als dieselbe auch da wirkt wo
keine Anlehnung an andere Wörter stattfindet. In
guten Morgen wird nicht nur das erste, sondern auch
das zweite Wort entstellt (*g'Moin, g'Mõ* u. s. w.). Wenn
wir die Entwickelung der Sprache innerhalb kleinerer
durch ganz bestimmte Interessen gebildeter Kreise
verfolgen, so werden wir sehen dass gerade die aller-
bedeutungsvollsten Wörter, insofern sie beständig wie-
derkehren, lautlicher Veränderung am Stärksten ausgesetzt sind. Man bemerke z. B. wie bei einem Spiele
die Kürzung und auch die phantastische Umgestaltung der termini technici beliebt ist; es scheint als
ob neben der Bequemlichkeit noch ein anderer Trieb,
die Abneigung gegen die Monotonie sich geltend
mache. Man kann diese Beobachtung zum Experiment
condensiren: man lasse Jemanden der nicht weiss wo-
rauf es ankommt, ein Wort vielmal, 30, 50, 80 Mal hin-
tereinander sagen, und man wird sehr starke Schwankungen der Aussprache wahrnehmen. Die Schrift gewährt
für diese Gruppe von Erscheinungen ein Analogon:

dieselben Zeichencomplexe werden, je nachdem sie in seltneren oder gewöhnlicheren oder genauer gesagt dem Schreiber und dem Empfänger weniger oder mehr geläufigen Wörtern auftreten, sorgfältiger oder flüchtiger dargestellt werden, und zwar auch unwillkürlich. Von Bequemlichkeit ist überall die Rede wo die Ursachen des Lautwandels in Erwägung gezogen werden; was ist nun natürlicher als dass man es sich da am Ersten bequem macht, wo in der Ueberhäufigkeit der stärkste Antrieb dazu liegt und die Gefahr des Missverständnisses am geringsten ist? Ich komme auf die oben erwähnte Erweiterung des Lautwandels $h = s$ von der intervocalischen Position zur anlautenden zurück. Im Jakutischen — DELBRÜCK₃ ist es der die Aufmerksamkeit darauf lenkt — findet sich neben inlautendem auch anlautendes intervocalisches $s = h$; in einem einzigen Fall ist anlautendes s schlechtweg zu h geworden, in *suoch* „nein". Ist es nicht möglich dass von diesem Worte aus anl. $s = h$ sich auf weniger gewöhnliche ausdehne? Im Andalusischen wird im Allgemeinen nur vorconsonantisches s zu h; es scheint, wie ich (Gröber's Zeitschr. V, 319 f.) bemerkt habe, zunächst im Auslaut die Tendenz zu weiterer Anwendung aufzutauchen (*loh amigos* neben *los amigos*), dann aber auch *no heñó, si heñó* vorzukommen. Bei Bejahung und Verneinung findet Manches statt was sonst nicht; so hört man vom Italiener nicht selten statt *sì* ein geflüstertes *si* oder bloss *s*, und der lautgesetzliche Schwund des *n* in span.-ital. *no* ist wenigstens mir noch nicht klar. Wo es sich nicht um indigenen, sondern um verpflanzten Lautwandel handelt, da wird umgekehrt gerade in den gewöhnlichsten Wörtern die alte Aussprache am Längsten bleiben. KOLOSOV (Замѣтки о я. и н. II. въ области сѣверно-великорусскаго нарѣчія. Petersb. 1877) sieht die Verwandelung des ě in i als einen ursprünglichen allgemeinen Zug des nowgorodschen Dialektes an; nun habe an manchen Orten e dieses i gänzlich verdrängt, an anderen werde dies nur von alten Leuten gewahrt, während den jungen Leuten *chlib, sino* u. s. w. lächerlich erscheine, hier wiederum finde sich ausnahmsweise i neben dem gewöhnlichen e (so *chlib*, aber *seno* u. s. w.), und dort das Umgekehrte. Dass in dem Worte für „Brod" sich der alte Laut hält, begreifen wir leicht; Anderes liegt nicht so zu Tage. Dialektische Mischung ist freilich nicht in Abrede zu stellen, aber ich weiss nicht wie sie hier, wo ja nicht einzelne Wörter entlehnt sind, als nur scheinbare Ausnahme von der lautlichen Gesetzmässigkeit angesehen werden kann; es muss doch erklärt werden warum in dem einen Worte der hergebrachte, in dem anderen der neue Laut herrscht. Was bei einer solchen Mischung möglich ist, ist überhaupt möglich. DELBRÜCK[12] stimmt BRUGMANN[2] darin vollkommen bei dass eine Lautbewegung nicht bei bestimmten Wörtern ihren Anfang nehme und dann auf andere Wörter übertragen werde, und setzt hinzu: „dass es sich wirklich so verhält, dürfte nicht bloss die Erfahrung an Volksmundarten beweisen" — dagegen sprechen die vorher angeführten Thatsachen —, „sondern auch die Ueberlegung dass nur unter der Voraussetzung einer gleichmässigen und consequenten Aussprache der Laute die Aneignung einer fremden Sprache erklärlich ist". Dieses Argument vermag ich nicht zu widerlegen, da ich es nicht verstehe. — Dass sehr selten gebrauchte Wörter leicht eine alterthümliche Gestalt aufweisen, ist ebenfalls bekannt. Es frägt

sich ob nicht innerhalb des gesammten Sprachmaterials
mit Hinblick auf das Eintreten des Lautwandels noch
andere Abstufungen denkbar sind. Delbrück₁₂ hat
die Möglichkeit angedeutet — allerdings um sie zu-
rückzuweisen — „dass jede Lautveränderung bei einem
bestimmten Worte beginne und sich von diesem aus
weiter fortsetze, also z. B. von einem Substantivum
auf andere, von da auf Adjective und Participia, und
so zum Verbum gelange". Könnte aber, die allmäh-
liche Ausbreitung des Lautwandels zugegeben, nicht
der Gedanke entstehen dass überhaupt die begriffliche
Analogie nur in einzelnen Fällen den Lautgesetzen
entgegen, im Allgemeinen vielmehr mit ihnen zusammen arbeite?

Die Lehre von der Ausnahmslosigkeit der Lautgesetze lässt sich nach dem Gesagten ebensowenig auf
deductivem wie auf inductivem Wege beweisen; wer
ihr anhängt, muss sich zu ihr als einem Dogma bekennen, und Dogma heisst sie beiläufig in G. Meyer's
Nachruf an G. Curtius, ausdrücklich in Bloomfield's
der Frage selbst gewidmeten Abhandlung. Nun können
aber Dogmen nur vermittelst „falscher Analogie" in
die Wissenschaft gelangen, und zwar wird das frucht-
bare tertium comparationis in der Heilswirkung liegen.
Herzhaft sagt in der That Bloomfield, und er meint
nicht zu viel zu sagen, dass wenn die Lehre von der
Unverletzlichkeit der Lautgesetze sich auch schliesslich als falsch herausstellen sollte, diese Thatsache
doch dem Werthe derselben als Methode keinen Ein-
trag thun würde; denn sie habe sich als solche durch
ihre Früchte bewährt. Die Beziehung richtiger Resultate auf möglicherweise falsche Prämissen widerspricht dem wissenschaftlichen Denken. Ebenso unzu-

lässig ist es ein wissenschaftliches Verfahren mit einem wissenschaftlichen Theorem ohne Weiteres zu identificiren; aber hierin dürften sehr viele Sprachforscher, sei es mehr sei es weniger bewusst, mit BLOOMFIELD übereinstimmen ·und sich nur insofern von ihm unterscheiden dass die Trefflichkeit der Methode für sie jeden Zweifel an der Gültigkeit der Lehre ausschlösse. Ich kann aber nur so viel zugeben dass diese eine sehr absolute und einfache ist; darum eben lässt sich so bequem mit ihr operiren. Man sucht gern das infallibilistische Princip auf apagogische Weise zu erhärten. PAUL₁ meint wer dasselbe verwerfe — er erkennt ihm allerdings „nicht mehr als den Werth einer Hypothese" zu —, der „verzichte damit überhaupt auf die Möglichkeit die Grammatik zum Range einer Wissenschaft zu erheben". Nach KRUSZEWSKI stellen uns die Junggrammatiker vor die Nothwendigkeit „ausnahmslose Lautgesetze anzunehmen oder die Abwesenheit aller Lautgesetze einzuräumen". Dazu bemerke ich erstens dass das Abschreckungssystem in der Wissenschaft keinen Platz verdient, und sodann dass die aufgestellte Alternative auch wenn sie minder schroff formulirt wird, falsch ist. Ich möchte wissen wer von den vor- oder nichtjunggrammatischen Sprachforschern, bis zu meiner Wenigkeit herab, den Lautwandel als ein Chaos (ich finde diesen Ausdruck auch bei KRUSZEWSKI) angesehen und behandelt hätte. Dass BLOOMFIELD für die Lautgesetze im weitesten Sinne — von der Ausnahmslosigkeit will er ja Nichts wissen — eine Lanze bricht, scheint mir höchst überflüssig; freilich habe ich EASTON's pessimistische Ausführungen, auf die er sich bezieht, nicht gelesen. Der Grundirrthum bei ihm und bei den Anderen liegt

recht tief, nämlich in der Voraussetzung als ob überhaupt irgend ein Gebiet wirklich existire oder doch
sich annehmen lasse welches keinen Gesetzen unter-
than sei. Wohl stuft sich innerhalb der verschiedenen
Kategorieen von Erscheinungen die verknüpfende Regelmässigkeit je nach der grösseren oder geringeren Com-
plication der Bedingungen auf's Mannigfachste ab,
vom Zufall des Hasardspiels bis zur festen Ordnung
der mechanischen Welt. Immer muss eine allgemeine
Betrachtung des Bodens auf dem wir arbeiten wollen,
uns über-die Regelmässigkeit belehren die wir zu erwarten haben. Der Hasardspieler der mit Berech-
nungen sein Glück verfolgt, hat die eigentliche Natur
des Spiels nicht erkannt. Wunderbarer dünkt es mich
dass man die psychologischen Grundlagen des Lautwandels, den gesellschaftlichen Charakter der Sprache,
die fliessenden Grenzen ihrer räumlichen und zeitlichen
Verschiedenheiten so deutlich wahrnehmen und dabei
die Ausnahmslosigkeit der Lautgesetze so bestimmt
behaupten kann. Die Junggrammatiker verwechseln
»il concetto semplicissimo di leggi con quello degli
effetti complessi che si producono per molte leggi che
cooperino e si consertino insieme variamente« (MERLO).
Die oben aufgedeckten formalen Mängel des junggrammatischen Dogmas gestatten mir es nicht die
eigene Ansicht in contradictorischer Fassung ihm
gegenüber zu stellen; ich werde nicht sagen: „die
Lautgesetze haben Ausnahmen". Heisst es aber: „es
gibt keinen sporadischen Lautwandel", dann werde
ich mich positiv ausdrücken: „es gibt sporadischen
Lautwandel". Ja wenn ich gezwungen wäre den Begriff „Ausnahmslosigkeit" in mein Bekenntniss aufzu-
nehmen, so würde ich ihn eher als auf die Lautgesetze,

auf das Vorkommen des sporadischen Lautwandels
beziehen, in dem Sinne dass jeder Lautwandel in
irgend einer Phase sporadisch ist. Will man den
verschiedenen Standpunkt durchaus mit gegensätz-
licher Ausdrucksweise charakterisiren, so mag man von
absoluter und von relativer Gesetzmässigkeit reden.
Dass nun wir die wir dem unglücklicherweise
einmal eingebürgerten Ausdruck „Lautgesetze" einen
weiteren Sinn beilegen, in der Praxis, d. h.
der speciellen der Wort- und Formerklärung darum nicht
schlechter fahren, das darzuthun bleibt noch, freilich
als überflüssiges gutes Werk. Man hat mit der in-
fallibilistischen Lehre eine grössere Strenge in die
wissenschaftliche Forschung einzuführen gemeint. Dabei
ist man aber von einer falschen allgemeinen Ansicht
ausgegangen; die Strenge kann nicht am Objecte,
sondern nur am Subjecte sich äussern, nicht in der
Aufstellung eines strengeren Gesetzes, sondern in der
strengeren Beobachtung desjenigen ohne welches es
keine Wissenschaft gibt und das wiederum für alle
Wissenschaft ausreicht, des Causalitätsgesetzes. Diese
strengere Beobachtung vollzieht sich nun im stetigen
Fortschritt der Wissenschaft von selbst, diese vertauscht
immer nur allmählich den beschreibenden Charakter
mit dem erklärenden. Auch in der Sprachwissenschaft
war man anfänglich zu sehr durch das Sammeln von
Thatsachen in Anspruch genommen um in breiter
Linie der Erforschung der Ursachen nachzugehen;
aber einen vorläufigen Verzicht nach dieser Seite hin
als eine Verläugnung des Princips von den verschiedenen Ursachen verschiedener Wirkungen anzusehen,
das scheint mir eine gewaltsame Unterstellung. Uebri-
gens muss uns auch heutzutage noch gestattet sein

irgend welche Abweichung von einem anerkannten
Lautgesetz zu verzeichnen und über die Ursache dieser
Abweichung lieber zu schweigen als eine schlecht-
begründete Vermuthung auszusprechen. Diejenigen
Fehler gegen welche die Junggrammatiker so laut
ihre Stimme erhoben haben, sind entweder längst
überwundene, oder es sind Rückfälle von denen keine
Wissenschaft frei ist und die wegen so mancher praktischen Verstösse der Junggrammatiker gegen ihre
eigene Theorie gerade bei ihnen Entschuldigung ver-
dienten, oder es sind überhaupt keine Fehler. Mir
hingegen erscheint die Lehre von der Ausnahmslosigkeit der Lautgesetze als ein Hinderniss für die Wissenschaft sich im Sinne des Causalitätsgesetzes fortzuent-
wickeln. Die Lautgesetze werden in eine solche Höhe
gehoben dass das Bedürfniss über sie hinauszudringen ein
weit geringeres ist als wenn sie nur den Werth grosser
Regelmässigkeiten besitzen. Und doch sind sie jedenfalls
nur empirische Gesetze, und, wie auch WUNDT betont, muss
ihre Umwandelung in causale vollzogen werden. Ist es
aber nicht eine merkwürdige Inconsequenz der Junggrammatiker dass sie davon absehen die Lautgesetze
selbst zu begreifen, jedoch die Ausnahmen durchaus be-
griffen haben wollen? Und dass sie diese grossentheils
in den Wirkungen begrifflicher Associationen suchen,
und dabei andere Factoren, wie die Sprachmischung,
vernachlässigen? Besonders gefährlich erscheint mir
das mit Bezug auf romanische Mundarten wie sie in
mittelalterlichen Handschriften überliefert sind. Kurz,
die Aufstellung des junggrammatischen Princips bedeutet für mich keinen Umschwung in der Geschichte
der Sprachwissenschaft, mit dem sie sicherer und
rascher fortzuschreiten begonnen hätte; und ich denke

auch eine künftige Generation wird zwischen Ascoli's „Saggi ladini" und Osthoff's „Tiefstufe im indogermanischen Vocalismus" keinen solchen segensreichen Wendepunkt zu entdecken vermögen. Die Geschichte dieses blendenden Sophismus, welcher weite Kreise in Verwirrung gebracht hat, ist bemerkenswerth. Er wurzelt in der früheren Ansicht welche die Sprache vom Menschen loslöste, ihr ein selbständiges Leben lieh und welche zuerst in romantisch-mystischer, dann in streng naturwissenschaftlicher Färbung auftrat. Die Lehre von der Ausnahmlosigkeit der Lautgesetze, welche wenn sie nicht thatsächlich von A. Schleicher herrührt, sicher ganz in seinem Sinne decretirt worden ist, ragt wie eine Antiquität aus jener Periode in die heutige herein, welche der Sprachwissenschaft den Charakter einer Geisteswissenschaft zuerkennt, welche in der Sprache keinen natürlichen Organismus, sondern ein sociales Product erblickt. Sie befremdet am Meisten in Paul's „Principien", wo er so tief in das Wesen der Sprache eingedrungen ist; freilich erscheint sie hier in sehr gemildertem Ausdruck. Ueberhaupt hat man von der Schroffheit mit der man zuerst behauptete, abgehen müssen, als man versuchte zu beweisen, und so lassen sich in den vielfachen Corollarien und Ausführungen zum junggrammatischen Lehrsatz nicht unschwer Widersprüche zu diesem selbst entdecken. Seine beste Kritik würde daher vielleicht in der nackten Zusammenstellung der mannigfachen Fassungen liegen die er, trotz seiner Absolutheit, von Osthoff bis auf Delbrück erfahren hat. Seine weite Verbreitung ist kein Argument zu seinen Gunsten. Nur bei Wenigen ruht er auf spontaner Entwickelung oder gründlicher

Nachprüfung; die Meisten haben sich ihn wegen der schon bemerkten methodischen Bequemlichkeit angeeignet. Er passt sehr gut in die Richtung welche heutzutage die Wissenschaft auf das Handwerk hat. Das von W. SCHERER treffend so genannte „Mechanisiren der Methoden" reducirt die Anforderungen an selbständiges Denken auf ein Minimum und ermöglicht so die Theilnahme einer ausserordentlichen Menge thatsächlich Unbefähigter an der „wissenschaftlichen" Arbeit.

Ich würde es sehr bedauern wenn ich da wo ich nur möglichst scharf und bestimmt habe sein wollen und, im Interesse der Sache selbst, es habe sein müssen, irgendwie verletzt hätte; ich würde das um so mehr bedauern als mich mannigfache freundschaftliche Bande — wie auch die Widmung andeutet — mit der junggrammatischen Schule verknüpfen, und ich den Werth der von den Einzelnen vollbrachten Leistungen, eben nur vom speciell Junggrammatischen abgesehen, wärmstens anerkenne. Pöbelhafte Angriffe welche noch die neuesten Annalen unserer Wissenschaft befleckt haben, scheinen Manche unter uns zu einer übertriebenen Zurückhaltung zu veranlassen. Die Versöhnlichkeit ist eine schöne Begleiterin der wissenschaftlichen Forschung, aber sie hat sich doch nur auf das Persönliche, nicht auf das Sachliche zu beziehen. Man würde allgemein den tadeln welcher aus Versöhnlichkeit zwei Etymologieen die sich einander ausschliessen, miteinander verquicken oder zwischen ihnen unentschieden bleiben wollte; sollen denn da wo es sich um so weittragende Principien handelt, andere Rücksichten gelten, gleichsam als ob solche nicht mehr in das Gebiet der Wissenschaft, sondern in das der Willkür gehörten?

Manche allerdings gibt es welche der Bedeutung der sprachwissenschaftlichen Principien nicht gerecht werden, welche deren wiederholte gründliche Durchsprechung für überflüssig und ermüdend erklären. Gegen sie, also wenigstens in einem Bezug auf diese Streitfrage, gehe ich mit denjenigen von denen sie mich trennt, zusammen. Ich will nicht auf die Verschiedenheit der praktischen Consequenzen zurückkommen welche zwischen den Junggrammatikern und uns Anderen bestehen; sie tritt vielleicht nur in beschränktem Umfange zu Tage. Aber die Junggrammatiker geben ja nicht nur eine Vorschrift, sie behaupten auch eine Thatsache, eine für das Sprachleben im Allgemeinen höchst charakteristische. Ist es denn nun nicht an sich ganz gleichgültig ob rom. *andare* von *adnare* oder *addare* oder *ambulare* oder einem keltischen Verbalstamm herkommt, ob in diesem Dialekte *l* zu *r* und in jenem *r* zu *l* wird u. s. w.? Welchen Sinn haben alle die tausende etymologischer und morphologischer Correspondenzen, die tausende von Lautgesetzen, so lange sie isolirt bleiben, so lange sie nicht in höhere Ordnungen aufgelöst werden? Sie dienen zum Theil und nur aushülfsweise der Aufhellung von Völkerverwandtschaften und culturellen Beziehungen; aber zunächst müssen sie doch innerhalb der Sprachwissenschaft selbst verarbeitet werden, in dem Einzelnen müssen wir das Allgemeine finden lernen, und demnach ist auch die Erkenntniss einer Thatsache welche das ganze Sprachleben beherrscht, von weit grösserer Wichtigkeit als die Erkenntniss irgend welcher besonderer Erscheinungsformen.

Diese Frage nach dem Werthe der Principien

hängt eng zusammen mit der nach der Stellung der
Sprachwissenschaft im Kreise der Wissenschaften,
und so sind denn auch beide von BRUGMANN₃ unter
einem Titel behandelt worden. Auch in Bezug auf
die letztere stehe ich in vollkommenem Widerspruch
zu ihm und glaube nicht dass die von ihm ersehnte
Verständigung möglich sein wird, ehe wir uns nicht
des Namens „Philologie" entäussert haben. Die Ein-
theilung der Wissenschaften hat aus der Betrachtung
der Dinge hervorzugehen, nicht aus der Definition von
Namen, am wenigsten von Namen ursprünglich so unbestimmten Sinnes und daher fortwährend so schwan-
kender Deutung, die aus Zeiten stammen wo es fast
noch keine Wissenschaft gab. Warum in aller Welt
können wir uns nicht entschliessen nur von Sprachwissenschaft, Litteraturwissenschaft, Culturwissenschaft
zu sprechen? Was nun die Sache selbst anlangt, so
meine ich dass immer Sprache und Sprache, mögen
sie auch noch so weit auseinander liegen, in wissen-
schaftlichem Sinn enger zusammengehören als Sprache
und Litteratur, seien es auch die desselben Volkes.
Die Identität der Forschungsmethode fällt schwerer
in's Gewicht als der Zusammenhang heterogener Un-
tersuchungsobjecte. Die Wechselbeziehung zwischen
Sprachwissenschaft und Litteraturwissenschaft mag eine
so lebhafte sein wie sie wolle; die eine spielt der
anderen gegenüber immer nur die Rolle einer Hülfs-
wissenschaft. Ich sehe mich vergebens auf anderen
Gebieten nach einem Analogon für das um was unter
„Philologie" verstanden werden soll. Fasst man etwa
die Fauna und die Flora einer bestimmten Gegend
in einer eigenen Disciplin zusammen? Wenn man jede
der verschiedenen „Philologieen" als ein praktisches

Studium, als eine Art „Heimathskunde" betrachten
will, so habe ich Nichts dagegen. Das aber kann ich
BRUGMANN₃ nicht zugestehen dass z. B. die indogermanische Sprachwissenschaft nicht ein Ausschnitt der
allgemeinen Sprachwissenschaft, sondern der indogermanischen Philologie sei. Die Grenzen der Sprach-
gruppen zu wissenschaftlichen Hauptgrenzen zu erheben halte ich für um so unthunlicher als Verwandt-
schaft und Unverwandtschaft in zahlreichen Fällen
noch gar nicht festgestellt, sondern selbst erst Unter-
suchungsobjecte sind. BRUGMANN₃, und die Meisten
mit ihm, geben nicht viel auf Vergleichungen zwischen
unverwandten Sprachen; und in gleichem Credit müssen
folgerichtigerweise auch die Vergleichungen zwischen
historisch nicht zusammenhängenden Erscheinungen in
verwandten Sprachen stehen, wie deren BRUGMANN
in seinem trefflichen Aufsatz „Zur Frage nach den
Verwandtschaftsverhältnissen der indogermanischen
Sprachen" (1883) aufgezählt hat. Ich hingegen halte
solche Untersuchungen wie sie z. B. schon vor Jahr-
zehnten A. SCHLEICHER über den Zetacismus anstellte,
für höchst erspriesslich; die Linguisten sollten, dem
Beispiele der Naturforscher folgend, häufiger, irgend
einer Erscheinung oder Erscheinungsgruppe zu lieb,
Spaziergänge um die Welt machen. Es würde dabei
auch auf das Besondere Licht fallen, vor Allem freilich
auf das Allgemeine. Wenn aber, BRUGMANN₃ zufolge,
die Resultate welche die Vergleichungen zwischen Un-
verwandtem abwerfen, nur der Principienwissenschaft
zu Gute kämen, so würde das eben für mich nur eine
Bestätigung ihres Werthes sein. Denn die Sonderung
welche zwischen den einzelnen Sprachwissenschaften
und der allgemeinen, der Principienwissenschaft gemacht

wird, scheint mir am Allermindesten zu rechtfer-
tigen. Jede von jenen geht in diese über, muss in
ihr aufgehen, je mehr sich ihre Wissenschaftlichkeit
selbst steigert, je mehr sie alles Empirische und Zu-
fällige abstreift. Wir sollen bei der sorgfältigsten
Einzeluntersuchung doch nie das Allgemeine und All-
gemeinste aus den Augen verlieren, uns in die Wissenschaft nur versenken um uns über sie zu erheben,
ihr nur dienen um sie zu beherrschen.

Druck von C. H. Schulze & Co. in Gräfenhainichen.

www.ingramcontent.com/pod-product-compliance
Ingram Content Group UK Ltd.
Pitfield, Milton Keynes, MK11 3LW, UK
UKHW042151280225
455719UK00001B/256